Schülergottesdienste im Kirchenjahr

Konkrete Liturgie

Werner Eizinger

Schülergottesdienste im Kirchenjahr

36 Modelle mit Spielszenen

Verlag Friedrich Pustet Regensburg

Imprimatur
Regensburg, 15. 5. 1987
Morgenschweis, Generalvikar

Für die dem „Meßbuch. Für die Bistümer des deutschen Sprachgebietes" entnommenen Gebete erteilte die *Ständige Kommission für die Herausgabe der gemeinsamen liturgischen Bücher im deutschen Sprachgebiet* die Abdruckserlaubnis.

CIP-Kurztitelaufnahme der Deutschen Bibliothek

Eizinger, Werner:
Schülergottesdienste im Kirchenjahr : 36 Modelle
mit Spielszenen / Werner Eizinger. – Regensburg :
Pustet, 1987.
(Konkrete Liturgie)
ISBN 3–7917–1113–X

ISBN 3–7917–1113–X
© 1987 by Verlag Friedrich Pustet, Regensburg
Umschlaggestaltung: Rosemary Dorner-Weise, Germering
Gesamtherstellung: Friedrich Pustet, Regensburg
Printed in Germany 1987

*Dieses Buch widme ich
den vielen jungen Christen,
die in den Liturgieteams der
Ministrantengruppen in den
Pfarreien Amberg – Hl. Dreifaltigkeit,
Cham – St. Jakob und Regensburg – St. Andreas
mit mir zusammen diese und viele andere
Schülergottesdienste vorbereitet und
gefeiert haben.*

Werner Eizinger

Inhaltsverzeichnis

Vorwort

Die hier vorgelegten Schülergottesdienste sind für Schüler der 3.– 6. Klassen konzipiert, die meisten werden aber bei teilweise geringfügiger Abänderung auch für ältere Schülerjahrgänge verwendbar sein. Die Gottesdienste wurden gemeinsam mit Ministranten in sog. Liturgieteams erarbeitet.

Vielleicht kann das Arbeiten mit diesem Buch manchen Seelsorger ermutigen, selbst solche Liturgieteams zu bilden. Ich möchte dazu ermuntern. Man kann auch mit mehreren Liturgieteams parallel arbeiten, die sich in zwei- oder dreiwöchentlichem Rhythmus abwechseln. Wichtig ist dabei die Regelmäßigkeit. Bewährt hat sich eine zeitliche Distanz von etwa einer Woche zwischen Vorbereitung und Gottesdienst; die Schüler brauchen einige Tage Zeit, um die Vorbereitungen für die Spiele treffen zu können und die selbstverfaßten Texte ins reine zu schreiben, nachdem sie vom Seelsorger begutachtet bzw. korrigiert wurden.

Zur Arbeit mit Liturgieteams:

1. Vor allem in den Ministrantengruppen finden wir Schüler, die sich nach tieferer Christusfreundschaft sehnen und zu überdurchschnittlichem kirchlichem Engagement bereit sind. Diesem unausgesprochenen Wunsch vieler muß der Seelsorger entsprechen. Er kann es in solchen Liturgieteams, in denen weitergehende Glaubensvermittlung und -erfahrung möglich ist als in den Gruppenstunden. Allerdings dürfen die Mitglieder dieser Teams nicht von ihren Kameraden erlebnismäßig abgekoppelt werden. Die Tätigkeit im Team kommt zum Besuch der üblichen Gruppenveranstaltungen hinzu.

2. Für die Vorbereitung von Gottesdiensten der 3.–6. Jahrgangsstufen kommen Schüler der 7.–9. Klassen in Frage.

3. Arbeitsweise im Liturgieteam:
a) Schriftlesung – Schriftgespräch: Gedanken und Fragen der Schüler zum Text, Erklärung und Vertiefung der biblischen Botschaft durch den Seelsorger.

b) Formulieren des Verkündigungsthemas als Ergebnis des Schriftgesprächs.

c) Im Gespräch ein Spiel ausdenken, das den Schülern den Zugang zum Evangelium erleichtert bzw. ein „Aha-Erlebnis" vermittelt, das die biblische Aussage transparent macht. Das Spiel darf nicht nur ein interessanter Gag sein, es muß das Evangelium aufschließen und zugleich Überleitung zur Predigt bieten. Spaß am Spiel kann als Nebeneffekt durchaus auftreten, ist sogar erwünscht.

d) Genaues Festlegen der Spielhandlung und des Spieltextes; Verteilen der Spielrollen unter den Schülern.

e) Erarbeiten der Vergebungsbitte und der Fürbitten durch die Mitglieder des Liturgieteams; Verteilen der Vorbeterrollen für die Fürbitten. Die Textfassung von Spiel und Gebeten kann von den Schülern auch als Hausaufgabe erledigt werden, die dem Seelsorger rechtzeitig zur Korrektur vorgelegt werden muß.

f) Predigtvorbereitung ist Sache des Seelsorgers.

4. Das Element „Spiel" im Gottesdienst trägt zur Freude der Schüler bei. Freude ist auch im Gottesdienst wichtig; Spiel und Freude erleichtern den Kindern den Zugang zur Liturgie. Nochmals sei aber darauf hingewiesen, daß das Spiel im Gottesdienst niemals Selbstzweck sein darf, sondern Hinführung zum Wort Gottes bzw. im Dienst der Erklärung des Wortes Gottes steht. – Besser ist es, einmal auf das Spiel zu verzichten, als um jeden Preis ein Spiel einzubauen, das dem Anliegen des Gottesdienstes nicht gerecht würde.

5. Den Mitgliedern eines Liturgieteams hilft diese Tätigkeit auch über manche religiöse Krise zwischen dem 14. und 16. Lebensjahr hinweg und erleichtert den Übergang zum Glaubensvollzug im Jugendalter.

Einführung

Der Schülergottesdienst soll ein fester Termin im Wochenkalender der Schüler sein. Er erlaubt dem Seelsorger, der sich in der sonntäglichen Verkündigung und Gottesdienstgestaltung vorwiegend auf die Erwachsenen und Jugendlichen einstellen muß, jede Woche eine Werktagsmesse für die Kinder auszurichten.

Die Verkündigungstexte dieses Buchs wählen beinahe aus jeder Woche eine Werktagsperikope aus und führen so durch das Kirchenjahr. Das Evangelium gibt das jeweilige Thema des Gottesdienstes an.

Orationen

Das Orationale dieses Buchs ist durchwegs dem Angebot des Meßbuchs (= MB) entnommen (mit entsprechender Seitenangabe). In den ersten Jahren der Publikationen von Kindermessen und Schülergottesdiensten wurde vielfach eine in Formulierung und Inhalt sehr bescheidene Sprache verwendet. Dies hat den Priestern die Erfahrung beschert, daß viele Schüler der 3. und 4. Klasse bereits an den „kindischen Gebeten" Anstoß genommen und nach „Gebeten wie in der Sonntagsmesse" verlangt haben. Das sollte zu denken geben. Was Kindern selbst kindisch vorkommt, wird abgelehnt, da sich das Kind nicht mit Jüngeren identifiziert, sondern nach Großwerden strebt. In diesem Streben will es auch in der Kirche ernst genommen werden.

Lesungen

Bewußt wurde für die Schülergottesdienste auf Lesungsvorschläge verzichtet. Konzentriertes und verständlich gemachtes Wort ist mehr wert als eine die Konzentrationsfähigkeit und den Verstehenshorizont des Schülers überfordernde Wortmenge. Weniger kann hier mehr sein. Der Schüler darf nicht abschalten, weil ihm zu viel des Wortes zugemutet wird. Aber das zugemutete Wort muß ihn treffen und betroffen machen.

Wenn man aus gegebenem Anlaß dennoch – vielleicht gelegentlich – vor dem Evangelium eine Lesung verkünden will, sollte ein inhaltlich enger und den Schülern erkennbarer Zusammenhang zwischen beiden Schrifttexten bestehen und vom Prediger angesprochen werden. Die Lesung sollte nicht von Kindern vorgetragen werden, sondern von Erwachsenen; vielleicht feiert ein Lehrer den Schülergottesdienst mit und ist zu diesem Dienst bereit. Dabei geht es um den Stellenwert des Wortes Gottes für die Schüler. Was ein Kind sagt, hat für Kinder nicht dasselbe Gewicht wie das Wort des Erwachsenen. Das Wort, das verkündet wird, kommt nicht aus der Gemeinde, ist nicht Menschenwort, sondern Gotteswort. Die Autorität des Wortes Gottes soll durch die Person des Verkündigers angemessen repräsentiert werden. Dazu sind Kinder gegenüber Gleichaltrigen nicht imstande, selbst wenn sie noch so schön und treffend „lesen" können. Es geht um mehr als gutes Lesen. Die Kinderverkündigung könnte zu einer Abwertung des Wortes Gottes führen.

Evangelium

Gelegentlich wird eine Verkürzung des Tagesevangeliums empfohlen, z. B. bei *mehreren* Gleichnissen in *einer* Perikope, oder wenn in einer Perikope zu viele, für die Tagesverkündigung aber nicht notwendige Gedanken ausgesprochen sind. Solche Fülle kann Kinder verwirren bzw. überfordern, da der Prediger nicht auf alles eingehen wird.

Predigt

Dieses Buch bietet in der Regel nur Predigtskizzen, gelegentlich nur Stichpunkte. Die Ausformulierung wird dem Prediger überlassen; die Skizzen dürften es ihm aber leicht machen.

Fürbitten

Sache der Gemeinde ist es, die betende und handelnde Antwort auf das gehörte und bedachte Wort Gottes zu geben. Deshalb sollen einzelne Schüler das stellvertretende Vorbeten der Fürbitten übernehmen.

Lieder

Bewußt wird auf Liedvorschläge verzichtet. Die Möglichkeiten und Gebräuche der Pfarrgemeinden sind hinsichtlich der musikalischen Gestaltung von Gottesdiensten sehr verschieden. Auch bestehen von Region zu Region erhebliche Unterschiede im Hinblick auf das bekannte und angezielte Liedgut. Bei Kindern sollte grundsätzlich ein Dreifaches berücksichtigt werden:

1. Sie freuen sich, wenn sie kräftig mittun können, weil ihnen die Lieder bekannt sind; also dürfen wir nicht ständig nur Neues bringen.

2. Sie lieben zugleich die Abwechslung und möchten Neues kennenlernen; also müssen wir in kluger Dosierung immer wieder auch neue Lieder einsetzen.

3. Vorrangig sollen Gottesloblieder gesungen werden, die das Kind auch im Sonntagsgottesdienst mit Erwachsenen wiederfindet. Wer sich nicht schon als Kind einen großen Liedschatz aus dem Gotteslob aneignen konnte, wird als Erwachsener ein „stummer Sänger" in der Kirche sein; denn im Jugendalter dispensieren sich viele vom Singen im Gottesdienst:

a) ausgelöst durch den Stimmbruch, verstärkt durch das „Sich-Genieren",

b) weil manche in diesem Alter die Sonntagsmesse nicht regelmäßig oder gar nicht besuchen,

c) weil in den üblichen Jugendgottesdiensten kaum Gottesloblieder gesungen werden.

Um dem jungen Christen den Wiedereinstieg in die Sonntagsmesse als junger Erwachsener zu erleichtern, sollte ihm in der Kinderzeit ein umfangreiches Liedgut aus dem Gotteslob vermittelt werden, das er ins Erwachsenenalter mitnehmen kann.

1. Adventswoche

„Hören und handeln" oder „Klug sein"

Requisiten: Schwamm, Bauklötze, evtl. Ziegelstein, mehrere Stühle,
1 Tisch

Vergebungsbitte

Wir hören oft Gottes Wort in der hl. Messe, im Religionsunterricht, in der Familie, wir lesen es in der Bibel; wir wissen meistens genau, was Jesus denkt und will – und trotzdem handeln wir nicht danach. Darum bekennen wir, daß wir Sünder sind, und beten miteinander: Ich bekenne ...

Tagesgebet: „Zur Auswahl" Nr. 6 (MB 307)

Gott.
Dein Wort bringt Licht und Freude in die Welt.
Es macht das Leben reich,
es stiftet Frieden und Versöhnung.
Gib, daß wir es nicht achtlos überhören.
Mach uns aufnahmebereit.
Bring dein Wort in uns zu hundertfältiger Frucht.
Darum bitten wir durch Jesus Christus.

Oder: Wochentagsmessen zur Auswahl: 1. Woche Donnerstag (MB 279; s. hier S. 39)

Spiel vor dem Evangelium

a) Schüler bauen einen Turm aus Bauklötzen auf Ziegelfundament (oder Fußboden).
b) Schüler bauen daneben einen Turm aus Bauklötzen über einem Schwamm.

Kurzgespräch

Welcher Turm wird sicherer stehen? ... Warum? ...

Evangelium: Mt 7,21–27 (vom Donnerstag der 1. Adventswoche, jedoch besser ohne die Kürzung des Lektionars)

Spiel

In der Schule – Personen: Pfarrer, Mathematiklehrer, Schüler Thomas und einige andere Schüler

Pfarrer: Wer möchte heute gern vorbeten?
Thomas: Ich, Herr Pfarrer!
Pfarrer: Also Thomas, bitte!
Thomas: *Betet vor. – Alle setzen sich.*
Pfarrer: Wer erinnert sich, welches Gebot wir in der letzten Stunde besprochen haben?
Thomas: *(meldet sich eifrig und wird aufgerufen)* Das 2. Gebot.
Pfarrer: Und wie heißt es?
Thomas: *(wieder sehr eifrig)* Du sollst den Namen Gottes nicht verunehren!
Pfarrer: Gut! Und was bedeutet das?
Thomas: Daß man zum Beispiel nicht fluchen soll.

– Stundenwechsel – Pfarrer geht, Mathematiklehrer kommt –

Lehrer: Vorgestern haben wir eine Probe in Mathematik geschrieben. Heute bekommt ihr die Arbeiten zurück *(teilt aus).*
Thomas: *(flucht)* Zefixhalleluja, schon wieder eine 6!

Predigt

Was fällt euch bei Thomas auf, wenn ihr sein Verhalten im Religionsunterricht mit dem im Mathematikunterricht vergleicht? ...
Es genügt nicht, Gottes Wort zu hören, man muß auch danach handeln. Das Hören allein ist vergebens, wenn man nicht entsprechend lebt. So nützt es gar nichts, wenn Thomas hört und auswendig

lernt, daß man nicht fluchen darf, jedoch beim nächsten Ärger gräßlich flucht.

Weitere Beispiele je nach Situation, z. B.: Die Monika hört aufmerksam bei der Predigt über Adveniat zu und denkt sich: Der Herr Pfarrer hat recht; für die Armen muß man etwas tun; bei der anschließenden Kollekte legt sie 10 Pfennige in den Sammelkorb. Nach dem Gottesdienst jedoch kauft sie sich in der Eisdiele für eine Mark ein Eis. (Sie hat sich, einem Reichen, mehr gegeben als den Armen.)

Bezug zum Evangelium herstellen: Wer meine Worte hört und nicht danach handelt, gleicht einem dummen Menschen. Wer meine Worte hört und danach handelt, ist ein kluger Mensch! Sein Leben wird vor dem Urteil Gottes standhalten, weil es auf sicheres Fundament gebaut war.

Fürbitten

Zu Gott, unserem Vater, wollen wir beten:
– Für alle Getauften: daß sie Gottes Wort nicht nur hören, sondern auch danach handeln.
– Für alle Unsicheren und Zweifelnden: daß sie lernen, sich Christus anzuvertrauen.
– Für uns selbst: daß wir keine Heuchler, sondern aufrichtige Christen werden.
Darum bitten wir dich, unseren Vater, durch Christus, unseren Herrn.

Gabengebet: Vom Donnerstag (MB 8) oder Wochentagsmessen zur Auswahl: 3. Woche Mittwoch (MB 292)

Schlußgebet: Vom Donnerstag (MB 9) oder Wochentagsmessen zur Auswahl: 2. Woche Mittwoch (MB 285)

Jesus befreit von Sündenlast

Requisiten: Ein mit Kissen gefüllter Sack, z. B. Rucksack

Vergebungsbitte

Oft fallen wir anderen zur Last; manchmal bemerken wir es gar nicht.
So beachten wir auch nicht, wie groß die Last unserer Sünden wird.
Darum wollen wir uns jetzt an sie erinnern und miteinander um
Vergebung bitten:
Ich bekenne ...

Tagesgebet: „Zur Auswahl" Nr. 24 (MB 313)

Barmherziger Gott.
Du bietest jedem Menschen deine Gnade an.
Auch uns hast du hierher gerufen,
obwohl du weißt, wie wir sind:
sündige Menschen, die ihr Gewissen anklagt,
Menschen mit schwachem Glauben.
Rede uns nun zu Herzen.
Tröste, ermahne und ermutige uns.
Heilige uns in deiner Gnade.
Darum bitten wir durch Jesus Christus.

Oder: „Zur Auswahl" Nr. 26 (BM 314; s. hier S. 31)

Evangelium: Mt 11,28–30 (vom Mittwoch der 2. Adventswoche)

Spiel

*Ein Schüler trägt schwer an einem vollen Rucksack (mit Kissen gefüllt).
Er schleppt ihn mühsam quer durch die Kirche zum Altar. Vor dem
Altar stellt er die Last ab, atmet tief durch und geht erleichtert an seinen
Platz in der Kirche.*

Predigt

1. Welche Lasten (Belastungen) tragen wir? ... Kummer, Kränkung, Mißerfolg, Sünden!
2. Wir können diese Last loswerden (Bezug zum Evangelium!).
3. Im Vertrauen auf die Fürsorge und Hilfe Gottes, im Gebet finden wir Erleichterung; im Bußsakrament nimmt Jesus uns die Sündenlast ab; Bezug zum Spiel: Das Aufatmen und befreite Weitergehen (Freude und Dank).

Hinweis: Gute Adventsbeichte!

Fürbitten

Laßt uns zu Jesus Christus, unserem Herrn, beten:
- Hilf allen Menschen, daß sie einander nicht unnötig zur Last fallen.
- Führe jene, die von einer Last bedrückt sind, auf den Weg zu dir, damit sie erlöst werden.
- Laß uns unsere Sünden rechtzeitig erkennen und bereuen.
- Steh uns bei, damit wir nach dem Beichten nicht wieder in unsere alten Sünden zurückfallen.

Denn dir, Vater, können wir uns immer anvertrauen. Dafür wollen wir dir danken heute und alle Tage bis in Ewigkeit.

Gabengebet: „Zur Auswahl" Nr. 11 (MB 351)

Schlußgebet: Vom Mittwoch (MB 16)

3. Adventswoche

<h1 style="text-align:center">Umkehren und gehorchen</h1>

Requisiten: 1 Waage mit 2 Waagschalen und 9 Würfel aus Papier
(Karton)
3 kleine Würfel, auf jedem steht eines der folgenden Wör-
ter: Liebe, Gehorsam, Treue;
3 mittelgroße Würfel: Faulheit, Launen, Gleichgültigkeit;
3 große Würfel: Liebe, Gehorsam, Treue.

Vergebungsbitte

Advent ist eine Zeit der Umkehr und Buße. Wir wollen uns so auf Weihnachten vorbereiten, daß wir die Ankunft unseres Herrn Jesus Christus mit gutem Herzen erwarten können. Aber nehmen wir das auch ernst? Vielleicht müssen wir auch zugeben, daß wir uns auf die Geschenke mehr freuen als auf das Kommen unseres Erlösers. Wir wollen umkehren und um Vergebung bitten:
Ich bekenne ...

Tagesgebet: Vom Dienstag der 3. Adventswoche (MB 22)

Herr, unser Gott,
durch dein Erbarmen
sind wir in Christus eine neue Schöpfung geworden.
Wende deine Augen nicht von uns ab,
sondern heile alle Wunden der alten Schuld
durch die Ankunft deines Sohnes,
der in der Einheit des Heiligen Geistes
mit dir lebt und herrscht in alle Ewigkeit.

Evangelium: Mt 21,28–32 (vom Dienstag der 3. Adventswoche)

Predigt: *Die Predigt wird dreimal durch Spielszenen unterbrochen.*

Was meint ihr: An welchem der beiden Söhne hat der Mann wohl mehr Freude gehabt? ... Gut, an dem, der seinen Willen erfüllt hat.

So ist es nichts wert, wenn wir zwar brav und ordentlich immer in der Kirche, im Religionsunterricht und zu Hause hören, was Gott uns sagt und was wir tun sollen, wenn wir uns aber nicht danach richten, sondern tun, was uns gerade Spaß macht, was wir selber wollen.

Wir müssen Söhne und Töchter Gottes sein, die auf den Vater hören und tun, was er will.

Was (welche Tugenden, Eigenschaften) brauchen wir, damit wir tun, was Gott gefällt? ...; z. B. Liebe, Gehorsam, Treue zu ihm.

Spiel: 2 Szenen

1. Szene: Schüler bringen die Waage mit den drei kleinen Würfeln und legen sie auf eine Waagschaale.

Predigt

Wir legen diese Tugenden jetzt auf eine Waagschale; was geschieht? Die Schale neigt sich nach unten. Welche Untugenden (schlechten Eigenschaften) hindern uns, immer zu tun, was Gott will? ...; z. B. Faulheit, Launenhaftigkeit, Gleichgültigkeit.

Spiel

2. Szene: Schüler legen die drei mittelgroßen Würfel auf die andere Waagschale.

Predigt

Jetzt haben wir diese Untugenden auf die andere Waagschale gelegt; was ist geschehen? Diese Schale ist jetzt tiefer gesunken als die mit den Tugenden. Warum? ... Die Untugenden sind größer und schwerer als die Tugenden.

Was müssen wir also machen? Unsere Tugenden müssen viel größer und gewichtiger werden. Wir müssen unsere Untugenden abbauen, damit sie immer kleiner werden und die Tugenden wachsen können.

Spiel

3. Szene: Schüler nehmen die drei kleinen Würfel von der Waage und legen dafür die drei großen Würfel auf.

Predigt

Jetzt haben wir die Tugenden, nachdem sie größer als die Untugenden geworden sind, auf die Waagschale gelegt, und wir sehen, wie die Schale mit den Tugenden nach unten gesunken ist.
Darum müssen wir uns bemühen, wenn wir (jetzt in der Adventszeit) umkehren wollen auf den Weg zu Gott: Wir müssen unsere Untugenden und schlechten Eigenschaften abbauen und unsere Tugenden fördern und stärken.

Fürbitten

Herr Jesus Christus, bald ist Weihnachten. Wir erwarten den Tag, an dem du als Mensch geboren wurdest. Damit wir dieses Fest würdig begehen, rufen wir zu dir:
– Gib allen, die dein Wort hören, die Kraft, ihm zu folgen.
– Stärke deine Gläubigen besonders nach der Beichte, gute Taten zu vollbringen und das Böse zu bekämpfen.
– Hilf uns, unsere Untugenden abzubauen und die Tugenden zu erstreben.
Himmlischer Vater, nimm unsere Bitten an, damit wir Weihnachten mit einem reinen Herzen und mit Liebe zu dir feiern.

Gabengebet: Vom Dienstag (MB 22)

Schlußgebet: „Zur Auswahl" Nr. 2 (MB 525)

1. Fastenwoche

„Das Zeichen des Jona" oder „Umdenken – umkehren"

Requisiten: Keine

Vergebungsbitte

Wir sind zur hl. Messe gekommen, weil wir zu Jesus Christus gehören wollen. Bald werden wir sein Wort im Evangelium hören. Wenn wir auf sein Wort hören und es befolgen, werden wir auch das Ewige Leben gewinnen.
Aber oft folgen wir ihm nicht, sondern tun, was uns gerade einfällt; und das ist häufig verkehrt. Darum wollen wir ehrfürchtig unsere Sünden bekennen:
Ich bekenne ...

Tagesgebet: „Zur Auswahl" Nr. 27 (MB 315)

Gütiger Gott.
Bei dir ist Freude über jeden Menschen,
der umkehrt und Buße tut.
Denn du bist der Vater, der für alle ein Herz hat.
Laß uns darauf vertrauen
und deinem Ruf folgen.
Hilf uns, daß auch wir einander vergeben,
wie du uns vergibst.
Darum bitten wir durch Jesus Christus.

Evangelium: Lk 11,29–32 (vom Mittwoch der 1. Fastenwoche)

Spiel: 2 Pantomimen

1. Szene: Vater und Sohn
Sohn: *Bedeutet dem Vater durch Zeichen, daß er fortgehen will.*
Vater: *Macht dem Sohn durch Gesten klar, daß er zu Hause bleiben muß.*

Sohn:	*Achtet nicht darauf und wendet sich zum Gehen. – An der Tür schaut er nochmals um.*
Vater:	*Bedeutet, daß er bleiben soll.*
Sohn:	*Geht trotzdem.*
	– Nach einer Weile –
Sohn:	*Kommt zurück.*
Vater:	*Erwartet ihn mit grimmigem Gesicht und winkt ihn zu sich.*
Sohn:	*Kommt zögernd.*
Vater:	*Gibt ihm Ohrfeigen.*

– *Mögliche Zeichensprache: Sohn deutet auf sich, dann zur Tür = er will fortgehen. Vater winkt ab, deutet auf Sohn, dann auf den Boden = Sohn soll zu Hause bleiben. Erhobener Zeigefinger des Vaters = Drohung.*

_____

2. *Szene: 2 Schüler und Vater*

Schüler:	*Raufen.*
Vater:	*Hört das und kommt ins Zimmer (räuspert sich).*
Schüler:	*Schauen zum Vater.*
Vater:	*Droht mit erhobenem Zeigefinger.*
Schüler:	*Verstehen das Zeichen, nicken und schließen per Händedruck Frieden.*

_____

Predigt

Die Menschen verlangten von Gott Zeichen. Sie meinten: nur wenn dies oder jenes geschieht, dann wollen wir an Gott glauben.

In unserem Spiel haben die Kinder Zeichen bekommen; sie konnten die Zeichen des Vaters verstehen wollen oder aber nicht beachten ...

Jesus sagt den Menschen, die Zeichen von Gott fordern: Seht mich! Ich bin das Zeichen, das Gott gesandt hat. Mir sollt ihr glauben und folgen! Ihr müßt umdenken; ihr dürft nicht mehr denken wie früher, ihr müßt lernen, zu denken, wie Gott denkt. – Jona, evtl. Lesung berücksichtigen! –

Probieren wir einmal aus, wie es wäre, wenn wir denken wollten, wie

Gott denkt. Ich sage euch immer, wie ein Schüler denkt, ihr sagt mir darauf, wie Gott denken könnte:

Schüler: Heute mache ich keine Hausaufgabe; die schreibe ich morgen ab. – Gott: ...

Schüler: Ich schreib mir einen schönen Spicker, dann brauche ich nicht zu lernen. – Gott: ...

Schüler: Jetzt kommt ein schöner Film, da laß ich die Messe ausfallen. – Gott: ...

Schüler: Der Klaus hat mir nicht eingesagt, da kriegt er in der Pause Schläge. – Gott: ...

Schüler: Heute bleibe ich länger liegen, dafür fällt das Morgengebet aus. – Gott: ...

Schüler: Wenn der Gruppenführer heute über die Fastenzeit reden wird, treiben wir in der Gruppenstunde um. – Gott: ...

Forderung: Umkehr – Beichte
Fastenzeit = Trainingslager
Ziel: ein neuer Mensch werden!

Fürbitten

Herr und Gott! Du hast uns Jesus Christus als dein Zeichen für die Welt gegeben. Wir bitten dich:

– Gib den Menschen deinen Geist, damit sie deine Zeichen erkennen.
– Gib den Christen Kraft, rechtzeitig umzukehren und deinen Weg zu gehen.
– Stärke uns, dir zu folgen, auch wenn deine Zeichen gegen unseren Willen sind.
– Festige unser Vertrauen darauf, daß du uns allezeit gut willst.

Vater im Himmel, du schenkst uns den Glauben. Laß uns dir immer näher kommen durch Christus, unseren Herrn.

Gabengebet: „Zur Auswahl" Nr. 3 (MB 348)

Schlußgebet: „Zur Auswahl" Nr. 3 (MB 525)

2. Fastenwoche

Wahrhaftigkeit in Wort und Tat

Requisiten: 1 Fahrradklingel (notfalls Altarglocke), 1 tragbares Fernsehgerät, 2 Stühle

Vergebungsbitte

Heute ist die Fastenzeit schon zwei Wochen alt geworden. Wie steht es mit unseren Fastenvorsätzen? Hast du gute Vorsätze? Hast du sie bisher eingehalten? Es ist ein schönes Gefühl, wenn man sagen kann: Ich habe meinen guten Vorsatz gehalten, ich bin stark gewesen. Wir wollen zu Christus rufen:

Herr Jesus Christus,
du hast uns zu deinem Volk gemacht und um deinen Altar versammelt. Herr, ...
Du hast uns gelehrt, nach dem Willen des Vaters zu leben. Christus, ...
Du hast uns gerufen, dir auf dem Weg zum Vater zu folgen. Herr, ...

Tagesgebet: Vom Dienstag der 2. Fastenwoche (MB 99)

Herr, unser Gott,
behüte deine Kirche und verlaß sie nicht.
Wir sind dem Tod verfallen
und gehen ohne dich zugrunde.
Hilf uns,
alles zu meiden, was uns schadet,
und zu suchen, was uns zum Heil dient.
Darum bitten wir durch Jesus Christus.

Evangelium: Mt 23,1–4 (vom Dienstag der 2. Fastenwoche, gekürzt)

Spiel: 2 Szenen

1. Szene: Mutter und Kind sitzen im Zimmer (lesen o. ä.)
Kind: Heute hat einer unseren Lehrer angelogen.
Mutter: So etwas Böses! Das darfst du aber nie tun!
Kind: Weiß ich doch, Mutti.
           – Es läutet an der Wohnungstür –
Mutter: Geh zur Tür und sag: Es ist niemand zu Hause.

---

2. Szene: Zwei Geschwister sind abends allein zu Hause
Ältere(r): Du sollst jetzt ins Bett gehen. Papa hat gesagt, wir dürfen
           heute nicht mehr fernsehen.
           – Wartet, bis Bruder (Schwester) schläft,
           steht dann auf und schaltet Fernseher ein.

Predigt

Kurzes Gespräch über die Spielszenen; Beobachtungen und Bewertungen der Schüler.
– Im Tagesevangelium tadelt Jesus die Schriftgelehrten und Pharisäer.
Sie sagen zwar das Rechte und verlangen, daß es die anderen tun,
selber aber richten sie sich nicht danach. Sie sind unwahrhaftig.
Unser Reden und unser Tun müssen übereinstimmen.
– Manchmal sagen Erwachsene, Vorgesetzte, Eltern etwas, das gut
und richtig ist, aber selber leben sie nicht so. Soll man dann folgen
oder nicht? Was meint ihr? …
Beispiel: Eltern schicken ein Kind am Sonntag in die Kirche, obwohl
sie selber nicht gehen.
Wenn die Anweisung gut und richtig ist, muß man folgen, auch
wenn die Erwachsenen ein schlechtes Beispiel geben. (Schriftgelehrte)
– Jesus sagt: „Befolgt, was sie euch *sagen*, nach ihren Taten aber
richtet euch nicht."
Auch Erwachsene machen Fehler und sündigen. Dann dürfen wir
ihrem Beispiel nicht folgen!

Fürbitten

Herr Jesus Christus, du Zeuge der ewigen Wahrheit, erhöre unsere Bitten:
- Verhilf der Kirche in all ihren Gliedern zur Wahrhaftigkeit.
- Stärke unsere Eltern, damit sie uns immer ein gutes Beispiel geben.
- Gib uns Kraft, immer zu tun, was wir als recht erkannt haben.
- Bewahre uns im Umgang mit dir und mit den Menschen vor jeder Heuchelei.

Du hast gesagt: Ich bin die Wahrheit. Laß uns dich und deine Wahrheit suchen und tapfer zu ihr stehen alle Tage unseres Lebens bis in Ewigkeit.

Gabengebet: „Zur Auswahl" Nr. 9 (MB 348)

Schlußgebet: „Zur Auswahl" Nr. 9 (MB 527)

3. Fastenwoche

Vergebung empfangen – Vergebung schenken

Requisiten: Alternative I: 1 Tisch, 4 Stühle, 1 Füller, 1 Lineal
Alternative II: 1 Tisch, 4 Stühle, 1 Schulheft

Vergebungsbitte

Wir bitten Gott oft um Vergebung unserer Sünden; wir wissen, daß er
barmherzig ist und sind froh darüber. – Doch wir selbst denken an
Rache, sind oft unnachgiebig und hartherzig. Wir wollen vergelten,
was uns die Mitmenschen zugefügt haben.
Wir müssen lernen, wie Jesus zu handeln.
Wir wollen gemeinsam beten:
Ich bekenne ...

Tagesgebet: „Zur Auswahl" Nr. 26 (MB 314)

Barmherziger Gott.
Du nimmst die Sünde ernst,
aber du läßt uns die Möglichkeit zur Umkehr.
Du verurteilst unsere Verfehlungen,
aber du lädst uns ein zu einem neuen Anfang.
Wir danken dir, daß du barmherzig bist.
Gib uns den Mut umzukehren.
Gib uns die Kraft, neu anzufangen.
Darum bitten wir durch Jesus Christus.

Evangelium: Mt 18,21–35 (vom Dienstag der 3. Fastenwoche)

Alternative I: Das Evangelium wird zweimal durch Predigt bzw. Spiel
unterbrochen.

Evangelium: V.21–22

Predigt

Erklärung der Symbolzahl ,7' bzw. ,77' als grenzenlose Vergebungs-
bereitschaft.

Spiel

*1. Szene: 4 Schüler sitzen um einen Tisch herum und arbeiten unter
Aufsicht des Lehrers.*

Ein Füller wird zu Boden gestoßen.

1. Sch.: Du Trottel, gib doch besser acht! Heb den Füller sofort auf!
2. Sch.: Na, so schlimm ist das doch nicht. – O je, der ist kaputtge-
gangen.
1. Sch.: Da hast du ja wieder was angerichtet!
2. Sch.: So ein Mist, das kann auch nur mir passieren. Was mach ich
jetzt bloß; das viele Geld für den Füller kann ich nicht
aufbringen.
1. Sch.: Nun gut, vergessen wir den Vorfall.

– Kurz darauf –

1. Sch.: Herr Lehrer, darf ich austreten?
Lehrer: Ja, geh schon!
3. Sch.: *Stößt Lineal vom Tisch.*
2. Sch.: Paß doch besser auf! Das Lineal hebst du sofort wieder auf!
3. Sch.: O weh! Jetzt ist es abgebrochen.
2. Sch.: Das bezahlst du mir –, und zwar sofort.
3. Sch.: Aber wegen der Kleinigkeit; ist doch nicht so schlimm.
2. Sch.: Ganz egal, wo kämen wir da hin!

Evangelium: V.23–31

Predigtgespräch

Das Nichtvergeben in unserem Leben: Schülerbeispiele ... (erzählen
lassen)
Gründe: Eifersucht, Neid, Beleidigtsein, Stolz, ...: immer Egoismus!
Frage: Wie wird unser Spiel wohl weitergehen?

Spiel

2. Szene: Schüler sitzen immer noch um den Tisch, der 1. Sch. kommt gerade zurück.

4. Sch.: Gut, daß du kommst!

1. Sch.: Warum, was ist denn los?

4. Sch.: Stell dir vor, der N. *(Namen einsetzen)* hat vorhin das Lineal vom N. *(N. einsetzen)* zerbrochen. Jetzt will er das Geld für das lumpige Lineal.

1. Sch.: *(zum 2. Sch.)* Was hör ich da? Du verlangst das Geld für das billige Lineal *(80 Pf)*. Wenn du so unfair bist, kannst du mir auch meinen Füller *(20,– DM)* bezahlen.

2. Sch.: Ach geh!

1. Sch.: Da hilft nichts.

Evangelium: V.32–35

Predigtgespräch

Unser häufiges Motto: Wie du mir, so ich dir!
Gott handelt anders: Er vergibt.
Unsere Schuld vor Gott, die Sünde, ist unser ganzes Leben lang größer als das, was die Menschen uns antun (Beispiele im Evangelium und im Spiel). Wie also sollten wir einander unsere Kleinigkeiten nicht vergeben, wenn Gott so gut ist?
Jesus mahnt eindringlich: Wer Vergebung von Gott erfahren will, muß auch selbst immer wieder zur Vergebung bereit sein (77mal).
Hinweis auf die Ernsthaftigkeit der Vaterunser-Bitte: Vergib uns unsere Schuld, wie auch wir vergeben unseren Schuldigern.

Alternative II: Das Evangelium wird durchgehend verkündet, allerdings erst ab V. 23 (also nur das Gleichnis).

Spiel

Personen: Vater, Mutter, älteres und jüngeres Kind.

Vater und jüngere(r) Sohn (Tochter) sitzen an einem Tische; ältere(r) Sohn (Tochter) kommt herein und bringt einen Brief vom Lehrer mit nach Hause. Vater liest ihn.

Vater:	Was? Du hast den Lehrer trotz Ermahnung geärgert? Na warte, das gibt 3 Wochen Fernsehverbot.
Kind:	Aber Papi, das war wirklich das letzte Mal.
Vater:	Na ja, wenn du mir versprichst, das nie mehr zu tun, dann soll es gut sein.
Kind:	Ja, Papi!
Vater:	Okay, aber ich muß jetzt wieder zur Arbeit.
Kind:	Tschüs!
2. Kind	(kleiner): *Sitzt während des Gesprächs daneben und zerreißt beim Durchblättern aus Unachtsamkeit das Mathematikheft des älteren.*
1. Kind:	Ja, spinnst du?
2. Kind:	Oh, Entschuldigung, das war keine Absicht; ich mach's nie mehr!
1. Kind:	Na warte, das gibt eine Tracht Prügel.
	(Jüngerer rennt weg, älterer hinterher)
	Da kommt die Mutter herein.
Mutter:	Was soll das? Sofort aufhören!
1. Kind:	Ja, aber ...
Mutter:	Nicht aber, jeder in sein Zimmer!
	Kinder gehen.

Predigt: Predigtgedanken siehe Alternative I

Fürbitten

Herr Jesus Christus, du hast gesagt „Bittet, und ihr werdet empfangen". Darum rufen wir zu dir:

- Menschen sind zu anderen oft härter als zu sich selbst; laß sie allen dasselbe gönnen, das auch sie haben möchten.
- Alle sind auf deine Vergebung angewiesen; mach die Menschen überall bereit, auch selber zu vergeben.
- Manchmal hindert uns der Stolz, einen Menschen um Verzeihung zu bitten; befreie uns von diesem Stolz.
- Wir wissen, daß du vergibst; schenke uns immer ehrliche Dankbarkeit für deine Vergebung.
- Zur Verzeihung gehört oft Selbstüberwindung; gib uns die Kraft dazu, einander zu vergeben.

Gott, unser Vater, du bist bei uns; bleib uns nahe, durch Christus, unseren Herrn.

Gabengebet: „Zur Auswahl" Nr. 5 (MB 349) oder vom Dienstag der 2. Fastenwoche (MB 99)

Schlußgebet: „Zur Auswahl" Nr. 7 (MB 527) oder vom Dienstag der 2. Fastenwoche (MB 100)

5. Fastenwoche

Freiheit

Requisiten: 1 Strick oder Riemen

Vergebungsbitte

Wir haben uns für die Fastenzeit manches vorgenommen. Wir haben uns Ziele gesetzt, die wir erreichen wollen. Das große Ziel ist, zu Gott zu kommen, indem wir Christus nachfolgen. Auf diesem Weg gibt es viele Hindernisse, über die wir stolpern, die uns ablenken. Wir wollen nun Christus anrufen, daß er uns auf diesem Weg beisteht:
Herr Jesus Christus,
du bist vom Vater gesandt, uns die Wahrheit zu bringen: Herr, . . .
Du bist gekommen, uns von der Knechtschaft der Sünde zu befreien:
Christus, . . .
Du bist gekommen, uns Gottes Wort zu verkünden: Herr, . . .

Tagesgebet: Wochentagsmessen zur Auswahl: 1. Woche Freitag
(MB 280)

Barmherziger Gott,
durch die Erniedrigung deines Sohnes
hast du die gefallene Menschheit
wieder aufgerichtet
und aus der Knechtschaft der Sünde befreit.
Erfülle uns mit Freude über die Erlösung
und führe uns zur ewigen Seligkeit.
Darum bitten wir durch Jesus Christus.

Oder: Wochentagsmessen zur Auswahl: 4. Woche Freitag (MB 302)

Evangelium: Joh 8,31–36 (vom Mittwoch der 5. Fastenwoche, gekürzt)

Spiel

Unter den Schülern wird ein „Freiwilliger" gesucht, der bei dem Spiel mitmachen will. Dieser kommt vor, ein „Eingeweihter" tritt zu ihm und fesselt ihn mit dem mitgebrachten Strick. Der Gefesselte muß allen sichtbar sein!

Predigt

1. Gespräch über die Situation des „Freiwilligen":
Dieser Schüler ist jetzt nicht mehr frei:
Er kann sich nicht bewegen, wie er will;
er kann nicht tun, was er will;
er kann nicht gehen, wohin er will;
er ist wie ein Sklave, der nur tun darf, was andere ihm erlauben.
2. Gedanken zur Predigt:
Jesus sagt: Frei ist der Mensch erst, wenn er kein Sklave der Sünde ist.
Das bedeutet: Der Mensch kann nicht nur äußerlich unfrei sein, er kann auch innerlich unfrei sein, ein Knecht der Sünde sein, z. B.
– Knecht des Fernsehens
– Knecht der Süßigkeiten
– ...
– Knecht seiner schlechten Gewohnheiten: Lügen (um eines Vorteils willen, aus Angeberei); Bequemlichkeit/Faulheit (Lernen, Helfen, Ministrieren); Knecht eines Hobbys, ...
Wer so ein Knecht ist, ist selber nicht mehr frei,
ist nicht mehr frei, anderen zu helfen,
ist nicht mehr frei, Gott zu dienen.
Darum Aufgabe vor allem in der Fastenzeit: sich von allen Knechtschaften zu befreien, die uns zum Guten hinderlich sind.

Fürbitten

Zu Christus, unserem Herrn, der sich am Kreuz für uns hingegeben hat, wollen wir beten:
– Gib allen Menschen die Erkenntnis, daß sie nur durch dich frei werden können.
– Mach alle Getauften bereit, dir wirklich nachzufolgen.

– Bewahre die Menschen vor der Versklavung durch ihre Leidenschaften.
– Hilf uns, daß wir nicht Knechte unserer schlechten Gewohnheiten werden.
– Hilf uns, als deine Jünger immer die richtigen Entscheidungen zu treffen.

Darum bitten wir dich, Vater, durch Christus, der unser Retter ist in Ewigkeit.

Gabengebet: Wochentagsmessen zur Auswahl: 1. Woche Mittwoch (MB 278)

Schlußgebet: Wochentagsmessen zur Auswahl: 1. Woche Mittwoch (MB 278) oder vom Donnerstag der 2. Osterwoche (MB 151)

2. Osterwoche

Werke der Finsternis – Werke des Lichts

Requisiten: Einige Stühle

Vergebungsbitte

Wir wollen alle gute Christen sein, tüchtige Buben und Mädchen, auf
die sich Christus verlassen kann. Aber wir wissen:
Manchmal sind wir auch böse Menschen;
manchmal sehen wir das Gute gar nicht oder wollen es nicht sehen;
manchmal wollen wir den Willen Gottes gar nicht erfüllen.
Deshalb beten wir:
Ich bekenne ...

Tagesgebet: Wochentagsmessen zur Auswahl: 1. Woche Donnerstag
(MB 279)

Gott, unser Herr,
du verbindest alle, die an dich glauben,
zum gemeinsamen Streben.
Gib, daß wir lieben, was du befiehlst,
und ersehnen, was du uns verheißen hast,
damit in der Unbeständigkeit dieses Lebens
unsere Herzen dort verankert seien,
wo die wahren Freuden sind.
Darum bitten wir durch Jesus Christus.

Evangelium: Joh 3,19–21 (vom Mittwoch der 2. Osterwoche, gekürzt)

Spiel

*Die bereitgestellten Stühle werden in Zweierreihe hintereinander auf-
gestellt. Die Mitspieler (etwa 6) nehmen darauf Platz; ein weiterer tritt
als Lehrer vor die „Klasse". Nach einer kurzen disziplinierten Begrü-*

ßung wendet sich der Lehrer zur gedachten Tafel und beginnt zu schreiben. Die Schüler hinter seinem Rücken fangen an zu schwätzen und anderen Unsinn zu treiben. Der Lehrer dreht sich zur Klasse zurück: die Schüler sind wieder still.

Predigt

Was ist jetzt passiert? Solange der Lehrer die Klasse im Blick hat, ist sie ruhig, sobald er den Schülern den Rücken zuwendet, tun sie Dinge, die sie unter seinen Augen nicht tun: ... (schwätzen ...).
Jesus hat uns gesagt: Die Menschen, die gute Werke tun, tun sie im Licht; denn alle können sehen, was sie tun. Die aber böse Werke tun, tun sie in der Finsternis, d. h. im Verborgenen, damit sie niemand sieht. Wenn du Böses tun willst, achtest du darauf, daß es niemand erfährt.
Warum begeht einer mit dem Auto Fahrerflucht? ...
Warum werden die meisten Einbrüche nachts verübt? ...
Warum maskieren sich die Verbrecher, wenn sie ihre Untaten tagsüber begehen? ...
Muß die Polizei einen Verbrecher eher unter den Spaziergängern am Marktplatz oder in einem Versteck suchen? ...
Ein Schüler zieht einen anderen beiseite und flüstert ihm etwas ins Ohr. Warum hat er ihn wohl beiseite geholt? ...
Wenn einer dir etwas Schlechtes sagen oder dich zu etwas Schlechtem verleiten will, sagt er es ganz leise oder hinter vorgehaltener Hand, damit es nicht alle hören.
Seht: Wer so handelt, tut nicht gut.
Jesus sagt: Wir sollen unsere Taten im Licht tun, damit alle Menschen sehen können, was wir tun. Ein Christ wird ja nichts Böses tun oder reden, also dürfen alle es sehen und hören.
Und alle Menschen können dann feststellen, daß Christen gute und tüchtige, aufrechte Menschen sind.
Wenn einer dir etwas nur heimlich und leise sagen will oder mit dir etwas Geheimes tun will, dann mußt du vorsichtig sein! Dann mußt du gut überlegen, warum und ob er nicht etwas Böses im Sinn hat.
Christen sind wahrhaftige Menschen und brauchen nichts zu verbergen. Seid also solche Menschen!

Fürbitten

Herr Jesus Christus, die Osterfesttage sind vorüber, voll Freude haben wir das Osterfest gefeiert. Nun wollen wir als Kinder des Lichtes leben. Wir bitten dich:

- Oft ist es schwer, in der Versuchung standhaft zu sein; stärke alle Menschen in der Versuchung.
- Die Anonymität gefährdet die Lauterkeit des Menschen; laß alle, die an dich glauben, stets im Lichte leben.
- In der Welt geschieht viel Unrecht; gib der Kirche deinen Geist, damit sie offen zur Wahrheit und zu dem, was recht ist, steht.
- Als Mitläufer in der Masse sind wir leicht zum Bösen bereit; laß uns den Mut finden, das Böse auch nicht mit anderen zu tun und das Gute auch allein zu vollbringen.

Du, Vater im Himmel, schenkst uns den Glauben. Festige ihn in uns durch Christus, unseren Herrn.

Gabengebet: Wochentagsmessen zur Auswahl: 2. Woche Dienstag (MB 283)

Schlußgebet: „Zur Auswahl" Nr. 15 (MB 529) oder Wochentagsmessen zur Auswahl: 4. Woche Donnerstag (MB 301)

4. Osterwoche

Sich Jesus anvertrauen bedeutet, niemals verlorengehen

Requisiten: Einige Augenbinden, Stoffbälle und Bonbons

Vergebungsbitte

In der Kirche und im Religionsunterricht hören wir oft Gottes Wort.
Doch nehmen wir es wirklich auf? Rauscht es an uns vorüber oder
denken wir darüber nach?
Wenn wir diese Fragen überlegen, erkennen wir, wie unaufmerksam
wir oft sind. Jesus aber will, daß wir ihm zuhören. Deshalb müssen wir
uns vor ihm schuldig bekennen und beten:
Ich bekenne ...

Tagesgebet: „Zur Auswahl" Nr. 1 (MB 305)

Gott, unser Vater.
Wir sind als deine Gemeinde versammelt
und rufen dich an:
Öffne unser Ohr,
damit wir hören und verstehen,
was du uns heute sagen willst.
Gib uns ein gläubiges Herz,
damit unser Beten dir gefällt
und unser Leben vor dir bestehen kann.
Darum bitten wir durch Jesus Christus.

Evangelium: Joh 10,22–30 (vom Dienstag der 4. Osterwoche)

Spiele

*1. Einige „Freiwillige", die sich unter den Mitfeiernden melden, gehen
in die Sakristei; dort werden ihnen die Augen verbunden. Nacheinander kommen sie einzeln heraus. Jedem „Blinden" bietet ein Schüler an,*

er möge den Mund öffnen, damit er ihm etwas hineinstecken könne (eingewickelte Bonbons).
2. Einem „Freiwilligen" werden die Augen verbunden; er wird für alle sichtbar vor die Sakristeitüre gestellt. Einer oder mehrere werfen nun mit Stoffbällen knapp an ihm vorbei, so daß jeder Wurf neben ihm hörbar an die Türe schlägt.

Predigt

Zunächst die Gefühle und Gedanken der „Blinden" bei den beiden Spielen aussprechen lassen. Dabei werden u. a. Angstgefühle deutlich, Mißtrauen verbalisiert.

– Gesprächsergebnis: Angst und Mißtrauen schwinden, wo Vertrauen herrscht, das Vertrauen überwindet beide.

Wenn wir uns jemandem aus gutem Grund anvertrauen dürfen, fühlen wir uns sicher und geborgen.

Darum sind wir froh, daß wir Jesus haben. Ihm dürfen wir uns zu jeder Zeit ganz anvertrauen. Er ist für uns der Gute Hirt. Alle, die zu seiner Herde gehören, hören auf seine Stimme, sie glauben ihm, denn sie vertrauen ihm. Er hat uns so lieb, daß er sogar sein Leben für uns hingibt.

Er verspricht uns: Alle, die auf ihn hören und ihm folgen, werden niemals zugrunde gehen, niemand wird sie seiner schützenden und führenden Hand entreißen. Jesus ist sogar stärker als der Tod; nicht einmal er kann uns der Hand Jesu entreißen. Auch aus dem Tod wird er die Seinen retten und in das Reich des himmlischen Vaters führen.

Fürbitten

Herr Jesus Christus, du bist uns in das Reich des Vaters vorausgegangen und willst uns alle dorthin geleiten. Wir bitten dich:

– Steh allen Menschen bei, die vom richtigen Weg abgekommen sind und allein nicht wieder zu dir zurückfinden.
– Stärke den Glauben derer, die in aussichtslosen Lagen von Mutlosigkeit bedroht sind.
– Hilf uns, dir wie einem guten Freund zu vertrauen.

– Gib uns Kraft, selber vertrauenswürdige Menschen zu werden und einander zu vertrauen.

Gott, unser Vater, laß uns im Glauben erkennen, was recht ist, und unbeirrbar dafür eintreten.

Gabengebet: „Zur Auswahl" Nr. 1 (MB 348) oder Wochentagsmessen zur Auswahl: 3. Woche Mittwoch (MB 292)

Schlußgebet: „Zur Auswahl" Nr. 7 (MB 527) oder Wochentagsmessen zur Auswahl: 1. Woche Freitag (MB 280)

5. Osterwoche

Bleibt in mir!

Requisiten: 1 kleine Dose und 1 große Dose, die verschließbar ist und in der die kleinere Platz hat

Vergebungsbitte

Wir sind zum Schülergottesdienst zusammengekommen, weil wir uns Christus verbunden wissen. Er hat uns seine Freundschaft angeboten. Wir rufen zu ihm um sein Erbarmen:
Herr Jesus Christus,
manchmal gelingt es uns nicht, nach deinem Vorbild zu leben: Herr, ...
Oft wollen wir dir nicht folgen: Christus, ...
Selten verteidigen wir dich bei anderen: Herr, ...

Tagesgebet: Vom Mittwoch der 5. Osterwoche (MB 176)

Treuer Gott,
du liebst die Unschuld
und führst den Sünder zu dir zurück.
Darum hast du uns
aus der Finsternis des Unglaubens befreit
und in die Gemeinschaft mit dir aufgenommen.
Gib, daß wir dich mit ganzem Herzen suchen
und das Licht deiner Wahrheit nie verlieren.
Darum bitten wir durch Jesus Christus.

Oder: „Zur Auswahl" Nr. 5 (MB 306)

Evangelium: Joh 15,1–8 (vom Mittwoch der 5. Osterwoche)

Spiel

Ein Schüler zeigt eine leere Dose, in die er eine zweite kleinere steckt. Dann verschließt er die große und rollt sie über den Boden; er kann sie auch einem anderen, der darauf vorbereitet ist, zuwerfen.

Predigt

Zunächst Gespräch über die Dosen. Wohin die größere rollt, dorthin rollt auch die kleine mit ihr, in ihr. Die kleine Dose ist überall, wo die große ist, sie „geht" gleichsam überallhin mit.

– Christus sagt: Bleibt in mir! (Evtl. Wiederholung der entsprechenden Evangelienverse)

Am Beispiel der Dosen haben wir gesehen, wie es ist, wenn einer im anderen bleibt. Wenn wir in Christus bleiben, heißt das: Wo Christus ist, da muß auch sein Jünger sein. Wo Christus ist, da sind auch wir. Wir sollen ihm überallhin folgen, in Freude und Leid.

– Wenn zwei Menschen Freunde sind, wollen sie überallhin miteinander gehen, immer beisammen sein und alles gemeinsam tun. Solche Freunde haben die gleichen Interessen, die gleichen Ziele.

So soll es zwischen uns und Christus sein. Wir sollen in ihm bleiben, bedeutet: Wir wollen, was Christus will; wir denken, wie Jesus denkt; wir tun, was Jesus tut; wir gehen dorthin, wohin er geht. Nichts soll uns trennen.

Dann sind und bleiben wir seine Freunde; dann ist er unser Freund, und auch er bleibt in uns.

Fürbitten

Jesus Christus, unser Freund und Meister, wir stehen vor dir, und du hörst uns. Wir bitten dich:

– Hilf allen Menschen, ganz zu dir zu finden und in dir zu bleiben.
– Steh den Priestern und Lehrern der Kirche bei, die Menschen in deine Nähe und Liebe zu führen.
– Laß uns mit ganzem Herzen bei dir sein und nach deinem Vorbild leben.
– Führe uns zu dem Ziel, an das du uns schon vorausgegangen bist.

Vater, du wirst unseren guten Absichten die Vollendung geben. Darauf vertrauen wir durch Christus, unseren Herrn.

Gabengebet: „Zur Auswahl" Nr. 6 (MB 349)

Schlußgebet: „Zur Auswahl" Nr. 14 (MB 529)

Einssein in der Kirche und mit dem Herrn

Requisiten: 1 Fußball

Vergebungsbitte

Es gibt Vieles, das wir gemeinsam haben. Mit allen Menschen haben wir gemeinsam unsere menschliche Gestalt, die Fähigkeit zu sehen, zu hören, zu sprechen, ...
Als Christen haben wir noch mehr gemeinsam: Wir sind alle getauft und gehören so zu Christus. Wir beten, wir glauben an Gott und lieben ihn; wir wollen ihm gehorchen und dienen. Trotzdem handeln wir manchmal, als gehörten wir nicht zusammen und als ob wir Gott nicht liebten.
Darum wollen wir einander und Gott jetzt um Vergebung bitten:
Ich bekenne ...

Tagesgebet: „Zur Auswahl" Nr. 14 (MB 309)

Gott.
Du hast uns verschiedene Gaben geschenkt.
Keinem gabst du alles – und keinem nichts.
Jedem gibst du einen Teil.
Hilf uns,
daß wir uns nicht zerstreiten,
sondern einander dienen mit dem,
was du einem jeden zum Nutzen aller gibst.
Darum bitten wir durch Jesus Christus.

Oder: Wochentagsmessen zur Auswahl: 1. Woche Donnerstag (MB 279; s. hier S. 39)

Evangelium: Joh 17,20–23 (vom Donnerstag der 7. Osterwoche)

Spiel

2 Buben kommen mit einem Fußball, den sie sich einige Sekunden lang gegenseitig zuschießen oder -werfen, bis sie ihn dem Prediger übergeben.

Predigt

Woraus besteht dieser Fußball? Er ist aus vielen Lederflecken zusammengenäht. Wenn man einen Fleck entfernt, ist der Fußball kaputt. Jeder einzelne Fleck braucht den richtigen Zusammenhalt mit den anderen Flecken.
Ein Fleck allein = als Fußball ungeeignet;
Viele Flecken ohne Zusammenhalt = als Fußball ungeeignet.
Jeder Mensch in der Gemeinschaft braucht die anderen, alle brauchen den einzelnen (Kirche, Pfarrgemeinde, Jugendgruppe). Bezugnehmen auf das Evangelium: alle sollen eins sein. Anwendung auf konkrete Situation in der Pfarrgemeinde, Jugendgruppe ...
Was muß ein Fußball können?: ... rollen, fliegen, springen. Wodurch kann er das? Unter der Lederhülle des Balls befindet sich eine Blase, die mit Luft gefüllt ist. Ohne diese Luft in seinem Zentrum wäre ein Fußball ungeeignet. Damit unsere menschliche Gemeinschaft als Pfarrgemeinde oder als Gruppe taugt, brauchen wir auch eine Mitte, brauchen wir Christus als Mitte unserer Gemeinschaft. Er erfüllt uns mit Leben, er gibt uns durch den Heiligen Geist Ideen, Freude, Antrieb, Kraft, Spannung, Begeisterung, Aufgaben, Ziele.
Bezug zum Evangelium: Ich in ihnen und du in mir.
Sich in der Pfarrgemeinde, Jugendgruppe der Kirche einsetzen = sich für Christus einsetzen.
Was könnte da wichtiger und schöner sein?

Fürbitten

Wir rufen zu Jesus Christus, der uns den Heiligen Geist gesandt hat, damit wir stark sein können in der Liebe und im Glauben:
– Belebe deine Kirche durch den Heiligen Geist.
– Schenke den Gläubigen in unserer Pfarrgemeinde und auf der ganzen Welt festen Zusammenhalt.

– Laß uns bereit sein, durch den Heiligen Geist das Zusammenleben in all unseren Gruppen beleben und prägen zu lassen.
– Begeistere uns zum Einsatz für dein Reich in der Kirche.

Allmächtiger Gott und Vater, sende deinen Heiligen Geist, damit alle eins werden in dir und miteinander, durch Christus, unseren Herrn.

Gabengebet: Vom Samstag der 2. Osterwoche (MB 153) oder „zur Auswahl" Nr. 4 (MB 349)

Schlußgebet: „Zur Auswahl" Nr. 4 oder Nr. 9 (MB 526 oder 527) oder Wochentagsmessen zur Auswahl: 2. Woche Dienstag (MB 284)

Die größere Aufgabe: Menschen für Gott gewinnen

Requisiten: Keine

Vergebungsbitte

Ihr habt euch heute von Jesus einladen lassen und seid hierhergekommen zum Schülergottesdienst. Jesus ruft uns in seine Nähe. Wir dürfen darüber froh und dankbar sein.

Ob wir immer seine Nähe gesucht haben? Ob wir seiner Einladung immer gefolgt sind: zur Sonntagsmesse, zum Schülergottesdienst?
...

Für alles, was uns nicht gut gelungen ist, bitten wir um Vergebung: Ich bekenne ...

Tagesgebet: „Zur Auswahl" Nr. 3 (MB 306)

Gott.
Du hast uns zu dieser Feier geladen.
Du sagst uns dein rettendes Wort
und reichst uns das lebenspendende Brot.
Mach uns fähig, weiterzugeben,
was wir in deinen Gaben empfangen.
Darum bitten wir durch Jesus Christus.

Oder: „Zur Auswahl" Nr. 13 (MB 309; s. hier S. 69)

Evangelium: Mk 1,14–20 (vom Montag der 1. Woche i. J.)

Spiel

Ein Schüler tritt vor den Altar und geht von dort langsam zu den Kindern; zu einem beliebigen sagt er: „Komm mit!" (evtl. einmalige Wiederholung der Aufforderung). Dies wiederholt er bei drei oder vier Kindern. Mit denen, die ihm folgen, geht er in den Altarraum. Dort setzen sie sich in den Chorstuhl oder auf Sedilien.

Predigt

Frage an die Kinder: Warum seid ihr mitgegangen (bzw. nicht mitgegangen)? ...

Im Evangelium haben wir ähnliches gehört: Jesus fordert Fischer, die bei der Arbeit sind, auf: „Kommt und folgt mir!" Was müssen sie jetzt tun? ...: *sich entscheiden.* Jesus sagt ihnen, was er mit ihnen vorhat. Er will sie zu Menschenfischern machen. Diese Männer haben bisher einen schönen Beruf gehabt. Sie sind Fischer. Jesus aber sagt: Ich habe eine größere Aufgabe für euch. Ihr sollt Menschen für Gott gewinnen! Die Fischer *haben sich entschieden.* Sie sind Jesus gefolgt.

Wäre das nicht auch eine Aufgabe für euch, Menschen für Gott zu gewinnen? Z. B. euren kleinen Geschwistern von Gott zu erzählen, eure Kameraden für die hl. Messe oder für den Ministrantendienst zu begeistern. – Wäre es nicht eine ganz große Sache, wenn ihr einmal als Priester oder Ordensleute Jesus nachfolgen und Menschen für Gott gewinnen würdet?

Wenn Jesus einen ruft, soll er ihm auch folgen. Denn er hat für uns eine größere Aufgabe als die Menschen.

Fürbitten

Jesus Christus, du bist unser Meister und rufst uns in deinen Dienst. Wir bitten dich:

– Gib allen, die du zur Nachfolge rufst, Bereitschaft, sich dir anzuschließen.

– Segne das Bemühen der Priester und aller, die Menschen für Gott gewinnen wollen.

– Zeige uns unseren eigenen Weg in deiner Nachfolge.

– Gib uns Kraft, dir mit ganzem Herzen zu dienen, ohne auf den Lohn zu schauen.

Vater im Himmel, wir danken dir, daß du uns Jesus gegeben hast, der für uns ist und uns als seine Helfer einlädt heute und unser ganzes Leben.

Gabengebet: Wochentagsmessen zur Auswahl: 1. Woche Freitag (MB 280)

Schlußgebet: „Zur Auswahl" Nr. 6 (MB 526)

Dem Guten keine Grenzen setzen

Requisiten: 1 Fußball

Vergebungsbitte

Eigentlich sollten wir uns für das Gute einsetzen, aber es ist uns nicht immer gelungen: wir sind bequem, lustlos, feige, selbstsüchtig gewesen. Darum beten wir:
Ich bekenne ...

Tagesgebet: „Zur Auswahl" Nr. 8 (MB 307)

Gott.
Dein Sohn ist zu uns gekommen,
nicht um sich bedienen zu lassen,
sondern um zu dienen.
Gib, daß wir von ihm lernen,
wie wir leben sollen.
Darum bitten wir durch ihn, Jesus Christus.

Oder: „Zur Auswahl" Nr. 16 (MB 310) oder vom 28. Sonntag i.J. (MB 241; s. hier S. 104)

Evangelium: Mk 3,1–6 (vom Mittwoch der 2. Woche i.J.)

Spiel

Mindestens fünf Spieler „auf dem Bolzplatz", einer davon ist Tormann. Ein Feldspieler verletzt sich, bleibt liegen, wälzt sich am Boden, jammert.

Tormann: *Eilt hinaus, kümmert sich um den Verletzten, fragt, wie er helfen könne.*
Die anderen spielen weiter und erzielen ein Tor.

Verletzter: *(erhebt sich vorsichtig)* Ich glaub, es geht wieder *(humpelt noch ein wenig, hält sich das Bein).*

Ein Spieler: *(zum Tormann)* Deinetwegen haben wir jetzt ein Tor kassiert; nur, weil du dem da geholfen hast.

Tormann: Aber man kann doch nicht weiterspielen und den da liegen lassen!

Predigt

Im Gespräch Beziehung zwischen Jesus im Evangelium („Leben retten oder zugrundegehen lassen") und dem Spiel herstellen. „Ist es erlaubt, am Sabbat Gutes statt Böses zu tun?" Wo setzen wir dem Guten Grenzen?: ... (weiterspielen – helfen?)
Hausaufgaben machen – fernsehen;
in die Kirche gehen – faulenzen;
beim Sternsingen mitmachen – mit den Weihnachtsgeschenken spielen.
Beispiele der jeweiligen Situation gemäß nennen!
Jesus: Dem Guten dürft ihr keine Grenzen setzen! Euer Wille und eure Bereitschaft zum Guten muß grenzenlos sein!

Fürbitten

Herr Jesus Christus, durch nichts hast du dich vom Guten abhalten lassen; du bist der Gute. Wir bitten dich:
– Gib allen Menschen den Blick für die Not der anderen.
– Segne und belohne alle Menschen, die sich für andere einsetzen.
– Steh uns bei, damit wir nicht aus Eigennutz dem Guten Grenzen setzen.
– Gib uns den Mut, auch dann dem Guten zu dienen, wenn andere nicht derselben Meinung sind.
Vater, erhöre unsere Bitten und gib uns deinen Segen zum Einsatz für das Gute. Darum bitten wir durch Christus, unseren Herrn.

Gabengebet: Wochentagsmessen zur Auswahl: 1. Woche Freitag (MB 280) oder 3. Woche Mittwoch (MB 292)

Schlußgebet: „Zur Auswahl" Nr. 1 oder 10 (MB 225 oder 528) oder Wochentagsmessen zur Auswahl: 3. Woche Dienstag (MB 292)

Worauf es ankommt: den Willen Gottes tun

Requisiten: Keine

Vergebungsbitte

In Genf, einer Stadt in der Schweiz, gab es einen Bischof, der hieß Franz von Sales. Jemand, der diesen Bischof gekannt hat, hat einmal gesagt: „Mein Gott, wenn der Bischof von Genf schon so gut ist, wie gut mußt du dann erst sein!"

Wie gut Gott ist, hat er uns in seinem Sohn Jesus Christus gezeigt, der zu den Menschen gekommen war, um ihnen den rechten Weg zu zeigen und für die Sünden der Menschen zu sterben.

Voll Vertrauen wollen wir nun zu Jesus Christus rufen:
Herr Jesus Christus,
du schenkst den Menschen deine Liebe: Herr, ...
Du bist für uns am Kreuz gestorben: Christus, ...
Du bist die Hoffnung der ganzen Welt: Herr, ...

Tagesgebet: Vom 3. Sonntag i. J. (MB 212)

Allmächtiger, ewiger Gott,
lenke unser Tun nach deinem Willen
und gib,
daß wir im Namen deines geliebten Sohnes
reich werden an guten Werken.
Darum bitten wir durch ihn, Jesus Christus.

Oder: Wochentagsmessen zur Auswahl: 1. Woche Donnerstag (MB 279; s. hier S. 39)

Evangelium: Mk 3,31–35 (vom Dienstag der 3. Woche i. J.)

Spiel

Einer der älteren Schüler (evtl. auch der Prediger) „spielt" Lehrer; er tritt vor die Kinder und erklärt: In einer Woche muß das Zeugnis fertig sein. Darum wollen wir heute eure Noten festsetzen.
Nun benennt er einige der anwesenden Schüler: N., du hast blonde Haare; blonde Haare mag ich, darum bekommst du einen Einser. – N., du hast Sommersprossen, die kann ich nicht leiden, drum kriegst du eine Fünf. – N. hat eine krumme Nase, das bedeutet eine Sechs. – N. ist mein Neffe, also bekommt er die Eins.

Predigt

Wie wäre es, wenn die Lehrer nach solchen Gesichtspunkten ihre Noten festlegen würden? ... (Schüleräußerungen)
Die Leute haben zu Jesus gesagt: „Deine Mutter und deine Brüder sind draußen und wollen dich sehen." Was hat Jesus da gesagt? ...
Wer sind für Jesus seine Mutter und seine Brüder und Schwestern? ...
Für Jesus spielt es also keine Rolle, ob Menschen mit jemandem verwandt sind, aus welchem Volk einer kommt, sondern nur auf eines kommt es an: ... daß sie den Willen Gottes tun.
Ein Lehrer, sagt ihr, soll bei der Benotung gerecht sein, und ihr meint damit: Er soll richtig beurteilen, was ein Schüler geleistet hat.
Wenn einer Jesus zum Bruder haben will, wenn einer Jesu Freund sein will, ist nur eines wichtig: Er muß den Willen Gottes tun.
Beispiele: ...
Beispiele, wonach Menschen sich bei ihrer Entscheidung orientieren:
a) Ich schreibe in der Schule von meinem Nachbarn ab, weil das in unserer Klasse fast jeder tut.
b) Ich trinke Schnaps, weil auf einem Plakat gestanden ist, daß der so gut schmeckt.
c) Ich springe über die ganze Treppe auf einmal hinunter, weil ich das im Film gesehen habe.
d) Ich stehle im Kaufhaus, weil Franz gesagt hat, daß das ganz einfach ist.
e) Ich werfe in unserem Klassenzimmer eine Stinkbombe, weil die anderen gesagt haben, daß ich dann ein toller Kerl bin.

f) Ich übe Messerwerfen mit meinem Bruder als Zielscheibe, weil ich im Fernsehen gesehen habe, wie man das macht.

Frage: Auf wen hören diese Kinder? ... (Werbung, Fernsehen, Kameraden, ...) Seht, wir müssen uns jeden Tag entscheiden, was wir tun. Damit wir uns richtig entscheiden, müssen wir immer überlegen, ob das, was Menschen uns sagen oder vormachen, auch gut und recht ist. Wir werden uns dann richtig entscheiden, wenn wir auf Gott hören. Wenn wir in der Kirche und im Religionsunterricht gut aufpassen, wird uns das Gewissen auch sagen können, was Gott will. Dann wird unser Gewissen die Stimme Gottes werden. Und wenn wir den Willen Gottes tun, wird Jesus zu uns sagen: Du bist mein Bruder, du bist meine Schwester.

Fürbitten

Jesus Christus, unser Bruder, zu dir kommen wir, um dir unsere Bitten vorzutragen:

– Stärke die Menschen unserer Zeit in der Liebe, damit sie das Böse besiegen können.

– Bewahre deine Jünger davor, dem schlechten Beispiel anderer zu folgen.

– Gib uns die Kraft, nicht irgendwelche Idole zu verehren, sondern dir nachzueifern.

– Hilf denen, die sich nur noch für den Sport einsetzen, daß sie sich in der Freizeit auch deinen Aufgaben widmen.

Guter Gott, du hast uns durch Jesus Christus gelehrt, wie wir richtig leben. Du lobst, ermahnst und tadelst uns durch die Stimme des Gewissens. Dafür danken wir dir durch Christus, unseren Herrn.

Gabengebet: „Zur Auswahl" Nr. 3 (MB 348) oder Wochentagemessen zur Auswahl: 2. Woche Freitag (MB 287)

Schlußgebet: „Zur Auswahl" Nr. 7 (MB 527)

Was den Menschen unrein macht

Requisiten: 1 große Vase (Krug) und verschiedene kleinere Gegenstände

Vergebungsbitte

Wenn wir Wettspiele machen, wollen wir gerne den Siegespreis davontragen. Vor allen Menschen aber hat Gott den 1. Preis verdient. Er ist der Große und Mächtige. Darum wollen wir auch immer wieder Gott preisen. Am besten können wir ihn durch ein gutes Leben, das ihm gefällt, preisen.
Wir haben jedoch nicht immer so gehandelt, daß wir Lob verdient hätten, z. B. wenn wir faul oder frech, eigensüchtig oder boshaft gewesen sind. Deshalb bitten wir um Vergebung:
Ich bekenne ...

Tagesgebet: Wochentagsmessen zur Auswahl: 1. Woche Dienstag
(MB 276)

Gott, unser Vater,
alles Gute kommt allein von dir.
Schenke uns deinen Geist,
damit wir erkennen, was recht ist,
und es mit deiner Hilfe auch tun.
Darum bitten wir durch Jesus Christus.

Oder: Wochentagsmessen zur Auswahl: 2. Woche Donnerstag
(MB 286; s. hier S. 98)

Evangelium: Mk 7,14–23 (vom Mittwoch der 5. Woche i. J.) oder
Mk 7,14–15.21–23 (gekürzt)

Spiel

Ein älterer Schüler (oder der Prediger) zeigt eine große Vase, in die zuvor verschiedene Gegenstände gelegt wurden.
Die Kinder werden gefragt: „Was ist wohl in dieser Vase?" *Einige raten, aber sie können es nicht wissen.*
„Was müssen wir tun, um zu wissen, was sich in der Vase befindet?"
Herausnehmen, ausschütten. Nun wird das Gefäß entleert. Alle sehen nun, was darin war.

Predigt

So ist es mit dem Menschen. Was er gedacht hat und welche Absichten er hatte, erkennt man an dem, was aus ihm herauskommt, also an seinen Reden und an seinen Taten. Wenn das Herz des Menschen böse ist, kommt Böses aus dem Menschen, er tut und redet Schlechtes, z. B. fluchen, Neid, Angeberei, Hinterlist, Diebstahl, schlechte Witze, ... All das kommt aus dem Menschen.
Versteht ihr, was Jesus meint, wenn er sagt: „Nicht, was in den Menschen hineinkommt, kann ihn unrein machen, sondern nur, was aus dem Menschen herauskommt, das macht ihn unrein"?
Umgekehrt wird aus dem Menschen, der ein reines und gutes Herz hat, Gutes herauskommen: Freude, Hilfsbereitschaft, Freundlichkeit, Dankbarkeit, Gebet, Ehrlichkeit im Reden und Tun.
Achten wir darauf, daß wir ein Herz haben, aus dem nur Gutes und Wertvolles herauskommt!

Fürbitten

Zu unserem Herrn Jesus Christus, der sich für die Rettung der Menschen hingegeben hat, wollen wir beten:
- Bewahre alle Menschen vor bösen Gedanken und Wünschen.
- Hilf allen, die durch die Bosheit und Arglist anderer zu Schaden gekommen sind.
- Stärke uns, damit wir uns nicht von Schulkameraden zum Bösen verleiten lassen.
- Laß uns gegenüber anderen nicht gemein sein, nur um dadurch zu einem Vorteil zu gelangen.

Großer und ewiger Gott, du bist der einzige, der uns bis ins Innerste kennt und verstehen kann; führe uns auf dem rechten Weg zu dir. Darum bitten wir durch Christus, unseren Herrn.

Gabengebet: „Zur Auswahl" Nr. 9 (MB 350) oder Wochentagsmessen zur Auswahl: 1. Woche Mittwoch (MB 278) oder 3. Woche Freitag (MB 295)

Schlußgebet: Wochentagsmessen zur Auswahl: 1. Woche Mittwoch (MB 278) oder 1. Woche Samstag (MB 281)

Augen haben, um Christus zu erkennen

Requisiten: 3 Schulhefte

Vergebungsbitte

Es ist etwas Schönes, wenn wir miteinander Schülergottesdienst feiern. Wir lernen Jesus immer besser kennen, wir dürfen ihm immer tiefer begegnen, wir spüren, daß wir alle miteinander um ihn versammelt sind und zusammengehören.
Froh und dankbar rufen wir zum Herrn:
Herr Jesus Christus,
du erweist uns Tag für Tag Gutes, ob wir es verdient haben oder nicht:
Herr, ...
Du nimmst dich des Menschen an und heilst ihn an Leib und Seele:
Christus, ...
Du öffnest uns die Augen, wenn wir Böses getan haben: Herr, ...

Tagesgebet: „Zur Auswahl" Nr. 2 (MB 305)

Gott.
Du hast uns geschaffen –
doch wir kennen dich kaum.
Du liebst uns –
und doch bist du uns fremd.
Offenbare dich deiner Gemeinde.
Zeig uns dein Gesicht.
Sag uns, wer du bist
und was du für uns bedeutest.
Lehre uns
dich erkennen, dich verstehen, dich lieben.
Darum bitten wir durch Jesus Christus.

Oder: „Zur Auswahl" Nr. 1 (MB 305; s. hier S. 42)

Evangelium: Mk 8,22–26 (vom Mittwoch der 6. Woche i. J.)

Spiel: 3 Szenen mit insgesamt 4 Spielern (Schüler A, B, C, D)

1. Szene: 3 Spieler
Schüler A und B kommen zu Sch. C; sie haben je ein Schulheft dabei.
Sch. A: *(zu C)* Kannst Du uns diese Matheaufgabe erklären?
Sch. C: *(unwillig)* Macht sie doch selber!
Sch. A und B gehen.

---

2. Szene: 2 Spieler
Sch. C geht zu Sch. D; C hat ein Schulheft bei sich.
Sch. C: Du, ich kann die Englischhausaufgabe nicht. Könntest du
mir helfen?
Sch. D: Wieso denn? Du hilfst ja auch keinem anderen bei der
Aufgabe, obwohl du Mathe am besten kapierst!
Sch. C: Dann eben nicht. – *(Geht nachdenklich ab.)*

---

3. Szene: 3 Spieler von 1. Szene
Sch. C geht zu A und B.
Sch. C: Ich hab es mir anders überlegt. Ich erkläre euch die Mathe-
aufgabe.

Predigt

Dem N. (Sch. C) sind die Augen erst aufgegangen, als ihm kein anderer
helfen wollte. Da hat er gemerkt, wie verkehrt sein eigenes Verhalten
war. Aber: Er hat daraus gelernt.
Im Evangelium sind auch einem die Augen aufgegangen. Jesus hat dem
Blinden die Augen geöffnet. Der ehemals Blinde konnte jetzt die Welt
sehen, aber er konnte und sollte jetzt noch mehr zu sehen lernen:
Durch seine Begegnung mit Jesus sollte er erkennen: Dieser Mann,
Jesus von Nazaret, ist nicht einer wie die anderen, er ist der Messias, er

61

ist der Sohn Gottes. Jesus ist der, den uns Gott gesandt hat, damit alle auf ihn hören, sich von ihm heil machen lassen und ihm nachfolgen. Heute sind wir diejenigen, die davon erfahren. Heute sollen wir erkennen: Er ist der Sohn Gottes, auf den wir hören und dem wir nachfolgen sollen.

Fürbitten

Christus, Meister und Herr, wir sind deine Jünger; deshalb rufen wir zu dir:
– Öffne den Menschen, die dich nicht sehen wollen, die Augen.
– Hilf den Blinden, daß sie dich mit den Augen des Herzens sehen können.
– Schenke uns die Einsicht, daß wir selber anderen die Augen für dich öffnen sollen.
– Gib uns die Kraft, dich gegenüber anderen zu verteidigen.
Vater, du hast deinen Sohn zu uns gesandt, damit die Menschen dich erkennen. Erhöre unsere Bitten und gib, daß wir bei all unserem Tun deinem Sohn nachfolgen, Christus, unserem Herrn.

Gabengebet: „Zur Auswahl" Nr. 7 (MB 350) oder Wochentagsmessen zur Auswahl: 3. Woche Mittwoch (MB 292)

Schlußgebet: „Zur Auswahl" Nr. 15 (MB 529) oder Wochentagsmessen zur Auswahl: 3. Woche Montag (MB 290)

Welcher Geist treibt mich?

Requisiten: Nach Belieben: die Spieler treten in „wüster Kleidung"
auf; geeignete Requisiten sind z. B. ein Flachmann (mit
Wasserfüllung), Zigaretten (mit Schokoladefüllung), Feu-
erzeug.

Vergebungsbitte

Wir sind vor Gott, unserem barmherzigen Vater, sündig. Wir haben
uns von ihm abgewandt – und von Menschen, zu denen wir gehören.
Die Gaben seiner Liebe haben wir selbstsüchtig vertan.
Wir bitten, daß er uns und alle, die zu ihm umkehren, wieder an-
nimmt. Denen, die an uns schuldig geworden sind, wollen wir in der
Kraft seiner Liebe verzeihen.
Ich bekenne ...

Tagesgebet: „Zur Auswahl" Nr. 10 (MB 308)

Heiliger Gott.
Du hast deine Gemeinde zur Heiligkeit berufen.
Du befähigst uns schon in dieser Welt
zu einem neuen Leben.
Vergib uns,
wenn wir dennoch immer wieder versagen.
Sende uns deinen Geist
und laß uns erfahren,
daß du die Herzen der Menschen verwandelst.
Darum bitten wir durch Jesus Christus.

Oder: Votivmesse vom Heiligen Geist (MB 1101 oder 1104) oder
Wochentagsmessen zur Auswahl: 1. Woche Dienstag (MB 276; s. hier
S. 57) oder 4. Woche Donnerstag (MB 301)

Evangelium: Mk 9,14–29 (vom Montag der 7. Woche i. J.)

Spiel

Bande mit Anführer (ca. 5 Schüler, z. B. Firmlinge und ein älterer Junge); das Spiel wird vom Prediger mit den Ausführenden besprochen und frei dargestellt.
Elemente des Spielinhalts:
Die Spieler kommen zugleich in wüster Kleidung aus der Sakristeitüre und möglichst noch zwei anderen Zugängen vor den Altar, sie legen Halbstarkenmanieren an den Tag. Nach der Begrüßung reicht der Wortführer einen Flachmann herum. Einer weigert sich zu trinken, die anderen lachen ihn aus, beschimpfen ihn (Feigling, Muttersöhnchen, . . .). „Wenn du nicht trinkst, gehörst du nicht zu uns!" Er wird weich und trinkt. – Beratung, was nun zu tun sei; Entscheidung: Mit Zwisteln Fenster einschießen und an der Brücke Kinder überfallen. Anführer reicht noch Zigaretten herum, man zündet sie an. Dann schreitet die Horde zur Ausführung ihrer geplanten Taten (gemeinsam ab in die Sakristei; dort legen sie ihre unüblichen Kleidungsstücke, soweit sie zur Mitfeier des Gottesdienstes unpassend sind, ab. Der Prediger wartet, bis die Spieler in der Kirche Platz genommen haben).

Predigt

Gespräch – Meinungen der Schüler zum Spielinhalt.
Ergebnis: Diese Buben werden von einem bösen Geist getrieben. Sie planen Böses und tun Böses. Sie lassen sich von einem Anführer zu Bösem verleiten. Sie sind seinen Vorschlägen willenlos verfallen. Wer sich noch wehrt, wird mit Drohung und Gelächter umgestimmt.
– Bezug zum Evangelium: Hier wird ein Knabe vom Bösen Geist getrieben; er ist von ihm besessen; der Böse macht mit ihm, was er will, denn der Knabe ist ihm gegenüber willenlos.
– Wodurch wird der Knabe geheilt?: . . . Durch das Gebet des Vaters und die Hilfe Jesu.
– Nachdem der böse Geist ausgetrieben ist, liegt der Knabe wie tot da. Er hat keinen Antrieb, denn sein alter Antreiber ist fort. Er braucht einen neuen Antrieb, um zu leben.
– Jesus faßt ihn an und richtet ihn auf. Da erhebt sich der Knabe.

– Jesus gibt uns seinen Geist, der uns neues Leben schenkt. Wenn uns ein Geist zum Bösen verleitet hat – wie in unserer Geschichte der Anführer die jüngeren Buben –, dann müssen wir Jesus bitten; er kann uns vom bösen alten Geist befreien und uns mit seinem Heiligen Geist neu beleben.
Dann können wir wieder ganz anders leben und anstatt Bösem die guten Werke tun, zu denen Jesus uns antreibt.

Fürbitten

Herr und Meister Jesus Christus, wir laufen oft schlechten Dingen nach und erkennen dabei zu spät, daß wir uns in den Schatten des Bösen begeben haben. Deshalb bitten wir dich:
– Hilf allen Menschen, Gut und Böse zu unterscheiden.
– Vergib *den* Menschen, die in Reue umkehren wollen, ihre Schuld.
– Erfülle alle Gläubigen mit deinem Heiligen Geist, damit er sie antreibt, die Werke Gottes zu tun.
– Zeige uns, daß du allein unser Licht und unser Ziel bist.
Gott, unser Vater, erhöre unsere Bitten und führe uns alle Tage den richtigen Weg, durch Christus, unseren Herrn.

Gabengebet: „Zur Auswahl" Nr. 9 (MB 350) oder Votivmesse vom Heiligen Geist (MB 1101) oder Wochentagsmessen zur Auswahl: 1. Woche Mittwoch (MB 278)

Schlußgebet: „Zur Auswahl" Nr. 4 (MB 526) oder Votivmesse vom Heiligen Geist (MB 1104) oder Wochentagsmessen zur Auswahl: 1. Woche Donnerstag (MB 279) oder Samstag oder 3. Woche Montag (MB 290)

Herrschen und Dienen

Requisiten: Stühle, ein paar in Geschenkpapier eingewickelte Artikel,
   Papierfetzen

Vergebungsbitte

Jesus Christus hat uns zum Gottesdienst eingeladen; wir sind gekommen und wollen mit ihm feiern. Aber zuerst müssen wir unsere Sünden, die wir begangen haben, bereuen. Denn wir waren neidisch und bockig, zänkisch und faul, beim Beten unandächtig. Deshalb wollen wir beten:
Ich bekenne ...

Tagesgebet: Wochentagsmessen zur Auswahl: 4. Woche Mittwoch
   (MB 299)

Heiliger Gott,
du hast uns das Gebot der Liebe
zu dir und zu unserem Nächsten aufgetragen
als die Erfüllung des ganzen Gesetzes.
Gib uns die Kraft,
dieses Gebot treu zu befolgen,
damit wir das ewige Leben erlangen.
Darum bitten wir durch Jesus Christus.

Oder: „Zur Auswahl" Nr. 8 (MB 307; s. hier S. 52)

Evangelium: Mk 10,35–37.41–45 (vom Mittwoch der 8. Woche i. J.,
   gekürzt)

Spiel: 2 Szenen

1. Einer kommt zur Geburtstagsfeier eigens zu spät, um mit seinem
   Geschenk aufzufallen und sich vor allen groß zu machen.
2. Keiner will nach dem Unterricht im Klassenzimmer aufräumen.

1. *Szene:* *Geburtstagskind, 3 Freunde*
Geb.-kind: Jetzt ist es schon 3 Uhr und meine Freunde sind noch nicht da. Sie müßten bald kommen.

– Pause – Es klopft – 2 Gäste kommen –

Sch. A: Hallo, ich wünsche dir alles Gute zum Geburtstag. Hier ist dein Geschenk! *(überreicht es).*
Sch. B: Alles Gute zum Geburtstag. Hier, dein Geschenk! *(überreicht es).*
Geb.-kind: Ich danke euch, das ist fein! – Jetzt müßte „Mauli" bald kommen.

– Pause – Es klopft – „Mauli" kommt –

Mauli: Servus, da ist dein Geschenk *(überreicht es in prahlerischer Manier).* Und alles Gute zum Geburtstag. *– (Schaut auf die Geschenke der anderen:)* Ha, was sind denn das für Minigeschenke, die kann man ja vergessen. Meines dagegen, das nenne ich ein Geschenk!

---

2. *Szene:* *Lehrer, 3 Schüler, einige Stühle, nach Schulart aufgestellt*
Lehrer: So, bevor ihr nach Hause geht, brauche ich einen Freiwilligen, der die Papierfetzen vom Boden aufhebt. *(Niemand meldet sich.)*
Lehrer: Was ist mit dir, Hans-Jürgen?
H.-J.: Nein, ich muß zum Bus.
Lehrer: Ach so, … und du, Uli?
Uli: Ich kann auch nicht; meine Mutter wartet mit der Suppe auf mich.
Lehrer: Hm, … und du, Klaus?
Klaus: Ich muß zum Zahnarzt.
Lehrer: Ja, ihr seid heute die Lautesten gewesen, und einem anderen will ich die Arbeit nicht auftragen.
Uli: Aber der Sepp war auch laut!
Lehrer: Uli, wenn du so vorlaut bist, kannst du gleich aufräumen.
Uli: Aber ich kann ja nicht, ich muß nach Hause!
Lehrer: Nichts da, du räumst jetzt auf!
(Uli räumt ärgerlich auf und geht dann nach Hause.)

Predigt

Die Apostel Jakobus und Johannes möchten, daß Jesus ihnen eine besondere Ehre erweisen soll. Sie wollen vor den anderen Aposteln groß dastehen. Findet ihr einen ähnlichen Fall in unserem Theaterspiel? (Vgl. 1. Szene.) Und welche Antwort gibt Jesus den beiden? ... „Wer bei euch groß sein will, der soll euer Diener sein, und wer bei euch der Erste sein will, der soll Sklave aller sein." Nur wer dient, ist wirklich groß. In den Augen Gottes ist nicht der bedeutend, der sich aufspielt und *sich* Ehre erweisen läßt, sondern nur der, der den anderen dient! Dazu hätten die Schüler in unserem 2. Spiel Gelegenheit gehabt ... Aber was haben sie getan? Sie wollten nicht dienen, sie wollten die unangenehme Arbeit nach dem Unterricht nicht übernehmen. Sie haben also versagt.
– Aufruf zum Dienen! –: für die Menschen, für Gott.

Fürbitten

Zu Christus, unserem Herrn, der sich für uns hingegeben hat, wollen wir beten:
– Laß die Menschen erkennen, daß Ruhm- und Geltungssucht nicht deinem Geist entsprechen.
– Bewahre alle Vorgesetzten davor, nach Macht zu streben anstatt zu dienen.
– Mache uns durch Hilfsbereitschaft wertvoll für unsere Mitmenschen.
– Zeige uns, zu welchem Dienst und welchen Aufgaben du uns brauchst!
Denn dich, Vater, wollen wir preisen durch unser Leben heute und alle Tage bis in Ewigkeit!

Gabengebet: „Zur Auswahl" Nr. 3 oder Nr. 6 (MB 348 oder 349) oder Wochentagsmessen zur Auswahl: 2. Woche Dienstag (MB 283)

Schlußgebet: „Zur Auswahl" Nr. 8 oder Nr. 13 (MB 527 oder 529) oder Wochentagsmessen zur Auswahl: 4. Woche Dienstag oder Mittwoch (MB 299 oder 300)

10. Woche im Jahreskreis (Mittwoch der 3. Fastenwoche)

Alle Gebote Gottes sind ernst zu nehmen!

Requisiten: 2 beschriebene Tapetenreste

Vergebungsbitte

Oft ist es schwer, nach Gottes Geboten zu leben. Wir leben lieber nach den unsrigen, weil diese angenehmer sind. Wir richten unser Gewissen nicht nach Gott, sondern nach unseren Vorstellungen aus. Daher wollen wir uns jetzt als Sünder bekennen und beten:
Ich bekenne ...

Tagesgebet: „Zur Auswahl" Nr. 13 (MB 309)

Gott.
Wir danken dir,
daß du uns hier zusammengeführt hast.
Laß uns erkennen, was wir sind.
Laß uns glauben, was wir beten.
Laß uns tun, was du uns sagst.
Darum bitten wir durch Jesus Christus.

Oder: „Zur Auswahl" Nr. 26 (MB 314; s. hier S. 31) oder Wochentagsmessen zur Auswahl: 1. Woche Donnerstag (MB 279) oder 4. Woche Dienstag oder Mittwoch (MB 298 oder 299)

Evangelium: Mt 5,17–19 (vom Mittwoch der 10. Woche i. J.; auch Mittwoch der 3. Fastenwoche)

Spiel

Schüler haben auf einen Tapetenrest in riesigen, weithin lesbaren Ziffern diese Rechnung geschrieben:
2 + 3 + 5 + 3 + 2 = 14
Diese Rechnung wird gezeigt. Die Kinder stellen einen Rechenfehler

fest. Wir legen eine 2. Tapete darunter, auf der die Zwischenergebnisse eingetragen sind:
(= 5) (= 10) (= 12)
Die Kinder sehen, bei welchem Zwischenergebnis der Fehler gemacht wurde. Ein kleiner Fehler also nur, nur um eine Zahl zu wenig addiert, die anderen Zwischenergebnisse sind alle richtig. Aber der eine kleine Fehler ist schuld, daß das Endergebnis falsch ist. Das kann eine ganze Note schlechter ergeben!

Predigt

Der allerkleinste Buchstabe im Alphabet, mit dem das ganze große Gesetz aufgeschrieben war, das Gott den Menschen gegeben hat, ist nur ein winziges Häkchen. Also etwas ganz Unscheinbares. Nun könnten die Menschen meinen, wenn man einmal so eine Kleinigkeit nicht beachtet, dann machte das nichts aus – wenn man nur die großen Gebote alle befolgt.

Aber da sagt Jesus: Nein, auch die kleinen Vergehen sind Sünde, auch die angeblich kleinen Sünden müßt ihr ernst nehmen! Ihr dürft nicht denken, die läßlichen Sünden seien nicht schlimm. Alle Gebote, die uns Gott gegeben hat, müssen wir halten.

Bei den Kindern ist es ja manchmal so, daß sie denken: Das ist nicht schlimm, es ist ja keine schwere Sünde; das wird schon nichts ausmachen. Aber da sagt uns Jesus: auch auf scheinbar Unwichtiges, auch auf die kleinen Sünden müssen wir achten; auch sie dürfen wir nicht begehen!

Wir wollen ein paar Beispiele hören, die davon reden, daß Kinder die läßlichen Sünden nicht ernst genommen haben:

1. Thomas denkt, daß er sich in der Fastenzeit trotz gegenteiligen Vorsatzes ab und zu ein Bonbon leisten kann.

2. Monika hingegen nimmt das Lernen in der Schule nicht so ernst.

3. In der Kirche denkt sich Klaus, daß das Singen ohne ihn genauso geht.

4. Johanna denkt, daß kleine Lügen nicht so schlimm sind.

5. Beim Fußball meint Stefan, daß das Abstreiten eines Fouls nicht so arg sei.

6. Bettina denkt, daß das Fernsehen am Abend wichtiger ist als ein gewissenhaftes Abendgebet.

Jesus aber sagt, daß wir aus den Geboten nicht auswählen dürfen: Gott ist der Herr, auf ihn allein müssen wir hören. Wenn wir das tun, dann – so sagt Jesus – werden wir groß sein im Himmelreich; groß wie die Heiligen alle, die so berühmt geworden sind und mit Christus beim Vater vereint sind.

Fürbitten

Herr, du zeigst uns den Weg zum Leben.
– Lenke die Herzen aller Menschen zu dir.
– Stärke unsere Eltern, Priester und Lehrer zu einem Leben nach deinen Geboten.
– Gib uns Beständigkeit, alle deine Gebote zu befolgen.
– Gib uns Kraft, nichts zu tun, was dir mißfällt.
– Schenke uns Einsicht in unsere Sünden und ehrliches Beichten.

Gott, du bist unser Vater, der jeden von uns liebt; dafür danken wir dir jetzt und alle Tage, durch Christus, unseren Herrn.

Gabengebet: Wochentagsmessen zur Auswahl: 3. Woche Freitag (MB 295) oder 4. Woche Donnerstag (MB 301)

Schlußgebet: „Zur Auswahl" Nr. 7 (MB 527) oder Wochentagsmessen zur Auswahl: 1. Woche Freitag (MB 280) oder 3. Woche Montag (MB 290)

Gute Früchte – schlechte Früchte

Requisiten: Verschiedene Früchte (möglichst ansehnlich!); evtl. auch eine schöne, aber ungenießbare Frucht (z. B. Tollkirsche oder innen bereits fauler Apfel)

Vergebungsbitte

An manchen Tagen sind wir blendend aufgelegt, freundlich, eifrig beim Lernen, voll Freude beim Spiel, hilfsbereit, dankbar gegen Gott; da wollen wir alles Gute tun, das Gott gefällt, und beten gern.

Manchmal aber sind wir mürrisch, schlecht gelaunt, unfreundlich, boshaft, haben keine Freude am Beten und keine Lust, in die Kirche zu gehen.

Gott will, daß wir gute Frucht bringen. Für alle Tage, an denen wir keine guten Früchte gebracht haben, wollen wir um Vergebung bitten:

Ich bekenne ...

Tagesgebet: Vom 12. Sonntag i. J. (MB 223)

Heiliger Gott,
gib, daß wir deinen Namen allezeit
fürchten und lieben.
Denn du entziehst keinem deine väterliche Hand,
der fest in deiner Liebe verwurzelt ist.
Darum bitten wir durch Jesus Christus.

Oder: „Zur Auswahl" Nr. 6 (MB 307; s. hier S. 17)

Evangelium: Mt 7,15–20 (vom Mittwoch der 12. Woche i. J.)

Spiel

Schüler kommen und zeigen schöne Früchte: Apfel, Pfirsich, Banane, ...; dazwischen trägt ein Schüler eine Frucht, die schön aussieht, aber

deren Genuß nicht empfehlenswert wäre. Wenn eine solche Frucht
nicht zur Verfügung steht, kann darauf verzichtet werden.
Die Früchte werden so herumgezeigt, daß sie von allen Kindern
gesehen werden können.

Predigt

Sind das schöne Früchte, die ihr gerne essen wollt? ... Ob es auch gute
Früchte sind? ... Meint ihr, daß alle schönen Früchte auch gute
Früchte sind? ...
Beispiel: Tollkirsche! (wenn möglich eine schlechte Frucht zeigen).
Jesus sagt: Ein guter Baum bringt gute, ein schlechter Baum schlechte
Früchte. Er erzählt das als Gleichnis. Er sagt: Wie mit den Bäumen ist
es mit den Menschen. Da gibt es gute und böse. Die guten bringen gute
Früchte, die bösen schlechte.
Gemeinsames Suchen von Beispielen für gute und schlechte Früchte
des Menschen ...
Manche Menschen sind freundlich, äußerlich nett und schön, aber
innerlich verdorben wie ein fauler Apfel oder eine wurmige Zwetsch-
ge. Sie locken uns zu bösem Tun, sie verführen uns: Die Eltern oder
den Pfarrer anzulügen, zu stehlen, unsere Pflicht in der Schule zu
vernachlässigen, den Gottesdienst zu schwänzen, zu rauchen oder zu
anderen bösen Taten. Dabei können sie ganz freundlich und nett sein.
Diese Menschen nennt Jesus „falsche Propheten"; denn sie verlocken
uns mit großen Worten und schmeichelnder Rede zur Sünde, sie
führen uns ins Verderben.
Wir müssen uns von ihnen fernhalten, ihnen aus dem Weg gehen! Sie
dürfen nicht unsere Freunde sein.
Was kannst du tun, damit du nicht einem falschen Propheten nach-
läufst, der dich verdirbt? ...
Jesus sagt: An ihren Früchten können wir die Bäume erkennen. Die
Früchte des Menschen sind seine Taten. Schau dir an, was einer tut,
und überlege, ob das Jesus gefallen kann. Dann weißt du, ob du einem
Menschen trauen darfst oder nicht, ob einer was taugt oder ein
Versager ist. – (U. U. auf aktuelle Anlässe in der Gemeinde, die zur
Besorgnis Anlaß geben bzw. für die Schüler Verführungssituationen
darstellen können, eingehen.)

Fürbitten

Herr Jesus Christus, um Zeugnis zu geben für dich sendest du uns in die Welt. Wir rufen zu dir:

- Gib der Kirche den Heiligen Geist, damit sie stets die Früchte des Geistes bringt.
- Lehre alle Gläubigen, die guten von den schlechten Früchten zu unterscheiden.
- Stärke uns, damit wir uns nicht von falschen Propheten verführen lassen.
- Stärke unseren guten Willen, damit wir auch in Versuchung gute Früchte bringen.

Vater im Himmel, steh uns bei, damit wir in deinem Geist so leben können, daß du an uns Freude hast. Darum bitten wir durch Christus, unseren Herrn.

Gabengebet: „Zur Auswahl" Nr. 7 (MB 350) oder Wochentagsmessen zur Auswahl: 3. Woche Freitag (MB 295)

Schlußgebet: „Zur Auswahl" Nr. 2 (MB 525) oder Wochentagsmessen zur Auswahl: 1. Woche Donnerstag (MB 279)

Stummsein

Requisiten: Keine

Vergebungsbitte

Das Wort spielt eine wichtige Rolle in unserem Leben und in unserem Glauben. Jetzt werden wir Gottes Wort hören, mit unseren menschlichen Worten werden wir uns dann an Gott wenden, ihn preisen, ihm danken, ihn bitten. Sein Wort sollen wir weitergeben aneinander und an alle Menschen.
Zu Christus, dem lebendigen Wort Gottes, wollen wir rufen:
Herr Jesus Christus,
durch Wort und Tat hast du deine Jünger gelehrt, den Glauben zu verkünden: Herr, . . .
Durch dein Wort hast du uns das Licht des Lebens geschenkt: Christus, . . .
Durch dein Leben hast du den Jüngern Augen und Ohren geöffnet: Herr, . . .

Tagesgebet: „Zur Auswahl" Nr. 7 (MB 307)

Gott. Du suchst Menschen, die von dir sprechen
und der Welt deine gute Botschaft weitersagen.
Hilf uns,
Trägheit und Menschenfurcht zu überwinden
und deine Zeugen zu werden –
mit unserem ganzen Leben.
Darum bitten wir durch Jesus Christus.

Oder: „Zur Auswahl" Nr. 3 (MB 306; s. hier S. 50) oder Wochentagsmessen zur Auswahl: 3. Woche Mittwoch (MB 292; s. hier S. 78)

Evangelium: Mt 9,32–34 (vom Dienstag der 14. Woche i. J., gekürzt)

Spiel

2 oder mehrere Spieler, einer spielt einen Stummen, er fragt mit Hilfe von Gesten die anderen nach dem Weg zum Bahnhof.

Predigt

Kurzes Eingehen auf das Spiel, Zusammenhang zum Stummen des Evangeliums herstellen.

Wenn von Stummen die Rede ist, vergessen wir leicht, daß wir selbst damit gemeint sind. Denn auch wir sind stumm, obwohl wir reden können:

1. Wir sind stumm aus Feigheit:
   Wir treten nicht für andere ein,
   wir treten nicht für Gott ein.
2. Wir sind stumm aus Bequemlichkeit:
   In der Schule melden wir uns nicht und machen dadurch dem Lehrer die Arbeit schwer.
3. Wir sind stumm, wenn ein anderer ein gutes Wort von uns bräuchte:
   Ein Wort, das ihn aufmuntert, ein Wort, das ihm Mut macht, ein Wort, das ihm sagt: Du bist nicht allein.
4. Wir sind stumm vor Gott:
   Unser persönliches Beten findet oft nicht statt, ist oft gequält und lustlos;
   unser gemeinsames Beten und Singen vor Gott ist oft müde und schwach, freudlos und lustlos.

Wir sehen: In Wahrheit sind wir alle solche Stumme, die von Jesus Heilung nötig haben. *Wir* müssen beten: Herr, nimm die Stummheit von mir, laß mich den Mund auftun, wo einem Unrecht geschieht; laß mich den Mund auftun, wo man dich schmäht; laß mich den Mund auftun, wo einer mein gutes Wort braucht; laß mich den Mund auftun, um deinen Lobpreis zu verkünden, um dir meinen täglichen Dank darzubringen, um dir zu sagen, daß du der Herr meines Lebens bist und ich dein treuer Diener sein will, um deine Führung und deinen Segen für mein Leben zu erbitten.

Herr, lehre mich reden!

Fürbitten

Herr Jesus Christus, in deinem Namen sind wir versammelt. Wir rufen
zu dir:
- Oft fehlen Menschen, wo sie gebraucht werden; öffne allen Augen
  und Ohren für ihren Nächsten.
- Manche ziehen sich in sich selber zurück und tun, als wären sie allein
  auf der Welt; öffne ihren Mund, damit sie den Mitmenschen Gutes
  sagen.
- Immer wieder lassen wir uns gehen; stärke unseren Willen und
  unsere Dienstbereitschaft.
- Manchmal sind uns alle möglichen Dinge wichtiger als du; mach
  unser lahmes Herz lebendig, damit es für dich schlägt.
Denn nicht für uns selber, sondern als deine Jünger wollen wir leben,
heute und alle Tage bis in Ewigkeit.

Gabengebet: „Zur Auswahl" Nr. 2 (MB 348) oder Wochentagsmessen zur Auswahl: 1. Woche Dienstag (MB 276)

Schlußgebet: Wochentagsmessen zur Auswahl: 2. Woche Mittwoch
(MB 278) oder 3. Woche Mittwoch (MB 293)

Der Sämann

Requisiten: 1 Glas, zur Hälfte mit fester Erde gefüllt
1 Glas, zur Hälfte mit lockerem Sand gefüllt
1 Glas, zur Hälfte mit Federn gefüllt
3 gleich große Kugeln

Vergebungsbitte

Christus hat uns viel zu sagen. Deswegen kommen wir auch immer wieder zum Gottesdienst zusammen; denn was er uns sagt, ist sehr wichtig, wichtiger als alles andere. Auch in dieser Stunde wollen wir auf sein Wort hören. Zunächst aber rufen wir ihn gemeinsam an:
Herr Jesus Christus,
du bist vom Vater gesandt, um das Wort Gottes zu verkünden: Herr, ...
Du bist gekommen, um die Sünder zu berufen: Christus, ...
Du schenkst allen Hoffnung, die mutlos geworden sind: Herr, ...

Tagesgebet: Wochentagsmessen zur Auswahl: 3. Woche Mittwoch
(MB 292)

Herr, unser Gott,
wir haben uns im Namen deines Sohnes
versammelt und rufen zu dir:
Erhöre die Bitten deines Volkes,
mach uns hellhörig
für unseren Auftrag in dieser Zeit
und gib uns die Kraft, ihn zu erfüllen.
Darum bitten wir durch Jesus Christus.

Oder: „Zur Auswahl" Nr. 1 (MB 305; s. hier S. 42) oder Nr. 3 (MB 306; s. hier S. 50)

Evangelium: Mt 13,1–9 (vom Dienstag der 16. Woche i. J.)

Spiel

*3 Schüler tragen je eines der bereits gefüllten Gläser vor (siehe oben)
und halten sie für alle sichtbar hoch. Nacheinander läßt man in jedes
Glas, zuerst in das mit Erde, zuletzt in das mit Federn gefüllte, eine
Kugel fallen.*
*Alle beobachten: Auf der Erde bleibt die Kugel liegen, in den Sand
dringt sie nur geringfügig ein, durch die Federn fällt sie bis auf den
Grund des Glases.*

Predigt

Könnt ihr einen Zusammenhang zwischen unserem kleinen „Spiel"
und dem Evangelium erkennen? ...
(Die Schüler sprechen lassen!)
So ist es beim Menschen: Ein gutes Wort, eine Ermahnung, ein
wertvoller Rat, das Wort Gottes kann unterschiedlich tief in den
Menschen eindringen. Wir können es ganz an uns abprallen lassen,
dann wird es nichts bewirken. Wir können es in uns aufnehmen, aber
schnell wieder vergessen; wir können kurze Zeit für etwas begeistert
sein und dann wieder gleichgültig werden. Wir können es ganz tief in
uns aufnehmen und immer danach leben.
Jesus hat uns in dem Gleichnis darauf aufmerksam gemacht. Beispiel:
Vier Schüler hören die Einladung zum Schülergottesdienst:
Der erste nimmt sie gar nicht an; es ist, als wäre er gar nicht eingeladen
worden.
Der zweite ist momentan sofort dafür; er scheint begeistert, aber bald
darauf ist von seinem Eifer nichts mehr übriggeblieben, er ist gleichgültig geworden.
Der dritte nimmt die Einladung freudig an, er geht ein paarmal in den
Schülergottesdienst, aber dann wird er schwach, weil andere auch
nicht in die Kirche kommen oder gar dumm über Gott daherreden. –
Oder es werden ihm andere Dinge wichtiger: das Fußballspielen lockt
ihn, das schöne Badewetter, ein Spiel mit Kameraden, das Fernsehen... Und so bleibt er nach einigen Wochen wieder dem Schülergottesdienst fern.
Der vierte aber nimmt die Einladung Jesu freudig auf und erweist sich
Gott als treu und zuverlässig. Auf ihn kann Christus zählen.

Darauf sollt ihr achten: Daß das Wort Gottes bei euch auf guten Boden fällt und tief in euch eindringt. Laßt euch durch nichts und durch niemanden im Guten beirren, auch wenn ihr manchmal enttäuscht seid, daß viele Kameraden sich im Leben gar nicht nach Christus orientieren.

Jesus hat uns gesagt: Auch wenn es eine Zeitlang gar nicht danach aussieht, am Ende wird sich Gott durchsetzen und sein Wort wird unermeßliche Frucht bringen!

Fürbitten

Laßt uns beten zu unserem Herrn Jesus Christus, der allen Menschen Gnade gewährt, die zu ihm rufen:
– Für die Ungläubigen, denen du nichts bedeutest: hilf ihnen auf den Weg zu dir.
– Für unsere Priester: stärke sie in schweren Zeiten, dein Evangelium zu verkünden.
– Für unsere Eltern und Freunde: gib ihnen Standhaftigkeit und Kraft, auch in schwierigen Situationen zu dir zu halten.
– Für uns alle: daß wir dein Wort freudig aufnehmen, es verstehen können und durch unser Beispiel vielen Menschen zum Glauben an dich helfen können.
Allmächtiger, ewiger Gott! Auf dein Wort wollen wir allezeit vertrauen; dann werden wir das große Ziel unseres Lebens erreichen in der Ewigkeit.

Gabengebet: „Zur Auswahl" Nr. 1 (MB 348) oder Wochentagsmessen zur Auswahl: 2. Woche Dienstag (MB 283)

Schlußgebet: „Zur Auswahl" Nr. 2 (MB 525) oder Wochentagsmessen zur Auswahl: 4. Woche Samstag (MB 304)

Alles für das Reich Gottes!

Requisiten: 1 kleiner Tisch (als Eisstand); 2 oder mehrere Eiswaffeln (mit Sahne und Schokoladeüberguß als Eisimitation gefüllte Eistütchen)

Vergebungsbitte

In der Kirche grüßen wir einander oft mit dem Wunsch: „Der Herr sei mit euch!" Das ist nicht nur ein Wunsch, Christus ist tatsächlich bei uns, überall in unserem Leben, besonders aber hier in der Kirche. Wir denken leider viel zu wenig daran, sind auch gar nicht besonders dankbar und froh darüber, sondern nehmen es als selbstverständlich. – Und obwohl er bei uns ist, denken, reden und handeln wir oft wie Menschen, die nicht mit ihm verbunden sind. Darum bitten wir jetzt miteinander um Vergebung:
Ich bekenne...

Tagesgebet: Wochentagsmessen zur Auswahl: 2. Woche Samstag (MB 288)

Barmherziger Gott,
was kein Auge geschaut und kein Ohr gehört hat,
das hast du denen bereitet, die dich lieben.
Gib uns ein Herz,
das dich in allem und über alles liebt,
damit wir
den Reichtum deiner Verheißungen erlangen,
der alles übersteigt, was wir ersehnen.
Darum bitten wir durch Jesus Christus.

Oder: Wochentagsmessen zur Auswahl: 1. Woche Donnerstag (MB 279; s. hier S. 39)

Evangelium: Mt 13,44 (vom Mittwoch der 17. Woche i. J., gekürzt)

Spiel: 4 Szenen

3 Personen: Eisverkäufer, Peter, Hans

1. Szene

Eisverkäufer:	Eis! Eis!
Peter:	Eine große Portion Eis, bitte.
Eisverkäufer:	*(reicht ihm das Eis)* Macht eine Mark.
Peter:	Bitte sehr!
Eisverkäufer:	Auf Wiedersehen!
Peter:	Wiedersehen!

———————

Kommentator (Prediger): 2. Szene, am folgenden Tag.
Es wiederholt sich ohne Unterschied die 1. Szene.

———————

Kommentator: 3. Szene: Übermorgen nach der Schule.

Hans:	Peter, stell dir vor, was ich im Schaufenster beim Huber gesehen habe!
Peter:	Was denn?
Hans:	Einen ferngesteuerten Porsche!
Peter:	Was? Richtig ferngesteuert?
Hans:	Wenn ich es doch sage!
Peter:	Wieviel kostet der denn?
Hans:	65 Mark.
Peter:	Hm, das wär schon was, aber woher das Geld nehmen?

Hans geht ab.

Peter:	*(zu sich selber)* Vielleicht, wenn ich mehr spare und mir kein Eis mehr kaufe? – Ja, das könnte gehen.

———————

Kommentator: Die letzte Szene spielt am Nachmittag desselben Tages.
Eisverkäufer: Eis! Eis!

Peter: *(nähert sich, sagt zu sich selber)* Nein, heute kauf ich
mir kein Eis mehr. *(geht vorbei)*
Eisverkäufer: *(zu sich)* Das ist aber sonderbar. Sonst kauft der sich
doch immer gleich eine große Portion Eis.

Predigt

Ja, der Peter hat ein Problem: ... (Schülermeinungen). Und wie löst
der Peter sein Problem? ...
Ergebnis: Er entscheidet sich, auf das kleinere Vergnügen – die Lust
nach Eis – zu verzichten, weil er das größere Ziel – den ferngesteuerten
Porsche – erreichen will. Erinnert ihr euch, was uns Jesus im Evangelium sagt?
... (Nacherzählung) ...
Was will uns Jesus klarmachen? Es gibt ein größtes Ziel, das Reich
Gottes, wer das einmal erkannt hat, ist von solcher Freude erfüllt, daß
ihm alles andere im Vergleich dazu klein und gering erscheint. Er wird
alles einsetzen, um dieses Ziel zu erreichen.
Wir kennen dieses Ziel, nun liegt es an uns, alles dafür zu tun, das
Reich Gottes zu erlangen, dafür zu sorgen, daß Gott jetzt schon in
unserem Leben die Herrschaft antreten kann. Das gelingt dann, wenn
wir uns ganz mit allen unseren Kräften ihm zur Verfügung stellen.
Bedeutet das, daß wir nichts anderes mehr tun sollen? Daß wir nichts
mehr für die Schule lernen sollen, nicht mehr spielen sollen, nicht
baden gehen und skifahren sollen?
Natürlich nicht! Deswegen sollen wir die Welt und die Freuden, die
uns Gott in der Welt schenkt, nicht verachten. Ein Kind hat viele Ziele:
gute Noten bekommen, ein guter Sportler sein, ein guter Kamerad, ein
treuer und zuverlässiger Freund sein. Das alles ist recht.
Aber wir müssen uns immer daran erinnern: Es gibt ein höchstes Ziel,
das wir nie aus den Augen verlieren dürfen und für das wir alles tun
wollen: das Reich Gottes.

Fürbitten

Wir wollen zu Jesus Christus beten, der uns ein großes Ziel gegeben
hat:

- Schenke allen Menschen das Glück, von deinem Reich zu erfahren.
- Erneuere in allen Gefirmten die Bereitschaft, sich für das Reich Gottes einzusetzen.
- Lehre uns, auf unwichtige Dinge und eigene Wünsche verzichten zu können, damit wir den Willen des Vaters tun.
- Hilf uns und unseren Kameraden, daß wir Neid und Streitereien aufgeben und freundliche, hilfsbereite Menschen werden.

Denn, Vater im Himmel, du sollst Freude an uns haben; du rufst uns ja zum Mahl des Lebens jetzt und in deinem ewigen Reich.

Gabengebet: „Zur Auswahl" Nr. 1 (MB 348) oder Wochentagsmessen zur Auswahl: 4. Woche Donnerstag (MB 301)

Schlußgebet: „Zur Auswahl" Nr. 15 (MB 529) oder Wochentagsmessen zur Auswahl: 4. Woche Montag (MB 298)

Ungeteilte Liebe

Requisiten: 1 Fahrrad, möglichst mit quietschender Bremse,
1 Schultasche

Vergebungsbitte

Wir nennen Gott „lieb". Damit drücken wir das Schönste aus, was wir von Gott wissen: daß er uns ohne Vorbehalt und Ausnahme liebt. An seine Liebe zu uns, aber auch daran, daß unsere Liebe zu ihm oft nur schwach ist, denken wir, wenn wir uns ihm jetzt mit unseren Sünden anvertrauen und um Verzeihung bitten:
Ich bekenne...

Tagesgebet: „Zur Auswahl" Nr. 21 (MB 312)

Gott, unser Vater.
Um deinen Frieden zu bringen
in unsere Welt voll Spannung und Streit,
ist dein Sohn zu uns gekommen
und hat sein Leben eingesetzt.
Er lebte nicht für sich, sondern gab sich dahin.
Laß uns erfassen, was er getan hat.
Hilf uns,
mit ihm dem Frieden und der Versöhnung zu dienen,
der in der Einheit des Heiligen Geistes
mit dir lebt und herrscht in alle Ewigkeit.

Oder: „Zur Auswahl" Nr. 22 (MB 312) oder Wochentagsmessen zur Auswahl: 2. Woche Donnerstag (MB 286; s. hier S. 98) oder 2. Woche Samstag (MB 288; s. hier S. 81)

Evangelium: Mt 22,34–40 (vom Freitag der 20. Woche i. J.)

Spiel: 2 Szenen

Personen: 1 Bub, 1 Mädchen, 1 Erzähler

1. Szene

Erzähler: Seit fünf Tagen sind Bernd und Martina nachmittags allein zu Hause. Vater kommt erst abends, Mutter liegt nach einem Beinbruch im Krankenhaus. Heute hat Bernd Fußballtraining. Darauf freut er sich schon immer zwei Tage im voraus. Er hat heute früher Schule aus gehabt, deshalb ist er schon daheim, als Martina von der Schule kommt. Nun hören wir den beiden zu:

Martina: *(kommt gerade nach Hause)* Um halb fünf geh ich zu Mutti ins Krankenhaus.

Bernd: *Reagiert nicht.*

Martina: Ich besuch heute Mutti; gehst du mit?

Bernd: Ich hab doch Fußball.

– Pause –

Martina: Mir ist Mutti lieber als das Spielen. *– Martina geht.*

Bernd: *(sagt nichts, ist aber unruhig; geht im Zimmer auf und ab; leise, zu sich selbst)* Wenn ich nicht so gerne Fußballspielen würde!

―――――――

2. Szene

Erzähler: Es ist gleich halb fünf Uhr, wir sind jetzt vor dem Krankenhaus.

Martina: *Kommt gerade, um ins Krankenhaus zu gehen. – Da erschrickt sie, denn hinter ihr quietscht eine Fahrradbremse. Sie schaut um, Bernd steigt vom Rad.*

Martina: Ich denk', du bist beim Fußball?

Bernd: Aber Mutti liegt doch im Krankenhaus!

―――――――

Predigt

Bernd mußte mit sich kämpfen, was er tun sollte: Fußballspielen oder die Mutter besuchen. Warum ist er dann ins Krankenhaus gefahren?... (Schülerantworten): Die Mutter hat ihm mehr bedeutet, war ihm lieber als der Fußball. Er liebt die Mutter eben mit *ganzem* Herzen.

Bernds Entscheidung lag in der Beantwortung der Frage: Zu wem hat er die größere Liebe, wer oder was ist ihm wertvoller: Fußball oder Mutter.

Im Evangelium hat Jesus davon gesprochen, daß wir jemanden mit *ganzem* Herzen lieben sollen: Gott.

Oft stehen wir in Entscheidungen, in denen sich beweisen muß, was oder wer uns lieber ist, mehr bedeutet.

... Die Schüler Beispiele suchen lassen ...

Wie können wir zeigen, daß wir Gott mit *ganzem* Herzen lieben?

Jedesmal treu zum Schülergottesdienst kommen.

Jeden Sonntag zur hl. Messe gehen.

Im Sommer: Schülergottesdienst oder baden?

Am Sonntag: schlafen oder hl. Messe?

Am Morgen: länger liegenbleiben oder früher aufstehen und Morgengebet sprechen?

Am Abend: Fernsehen bis zur Schläfrigkeit oder rechtzeitig mit Fernsehen aufhören und ein Abendgebet beten?

Als Ministrant: Ein Fußballspiel im Fernsehen anschauen oder zum Ministrieren in die Abendmesse gehen?

... Beispiele für die konkrete Situation der anwesenden Schüler ...

Fürbitten

Jesus Christus, wir wissen, daß du uns liebst.

Du willst, daß wir auch dich und den Vater mit unserem *ganzen* Herzen lieben. Wir bitten dich:

– Schenke unseren Eltern und Freunden eine tiefe Liebe zu dir.

– Laß alle Gläubigen stets fest auf dich vertrauen.

– Gib der Kirche Priester, die uns die Liebe zu dir und die Hingabe an dich vorleben.

– Gib uns Treue zu dir, damit wir dir nichts anderes vorziehen.

– Tröste die Leidenden und uns, wenn wir Kummer haben.
Gott und Herr, wir wollen dir ehrlich dienen. Stärke unseren guten
Vorsatz durch Christus, unseren Herrn.

Gabengebet: „Zur Auswahl" Nr. 1 (MB 348) oder Wochentagsmessen zur Auswahl: 3. Woche Dienstag (MB 291)

Schlußgebet: „Zur Auswahl" Nr. 15 (MB 529) oder Wochentagsmessen zur Auswahl: 4. Woche Mittwoch (MB 300)

Seid jederzeit bereit!

Requisiten: 1 kleiner Tisch, 2 Stühle, Geschichtsbuch, Hefte (Asterix, Sportzeitung, Kreuzworträtselheft), leere Papierblätter, Kugelschreiber

Vergebungsbitte

Oft tun wir nur, was uns Spaß macht. Dabei vernachlässigen wir unsere Pflicht. Wir vergessen auch, zu beten. Wir bereiten uns nicht genügend auf die Schule vor.
Deshalb beten wir:
Ich bekenne...

Tagesgebet: Wochentagsmessen zur Auswahl: 4. Woche Dienstag
(MB 298)

Gütiger Gott,
schenke uns Beharrlichkeit und Ausdauer
auf dem Weg deiner Gebote,
damit auch in unseren Tagen
viele Menschen zu dir finden
und dein Volk dir immer eifriger dient.
Darum bitten wir durch Jesus Christus.

Spiel: 2 Szenen

1. Szene: Thomas (Schüler) und sein Vater zu Hause; Thomas sitzt an seinem Schreibtisch und überlegt, ob er lernen soll; er entscheidet sich dagegen:

Thomas: *(nimmt abwechselnd Sportzeitung, Asterixheft, Geschichtsbuch und Kreuzworträtsel zur Hand, dann:)* Ach, ich werde schon nicht drankommen! – *Er legt das Kreuzworträtselheft über das aufgeschlagene Geschichtsbuch und beginnt Rätsel zu lösen. – Dann kommt der Vater herein:*

Vater:	Hast du schon gelernt? Den ganzen Nachmittag warst du draußen ... Was hast du da wieder für ein Buch?
Thomas:	*(klappt das Buch schnell zu, so daß das Rätselheft innen liegt)* Das ist mein Geschichtsbuch. Ich lerne doch grad! *Vater geht.*

---

2. Szene: *In der Schule. – Es läutet (gongt; evtl. mit Altarglocken). Thomas und sein Banknachbar gehen zu ihrer Bank, der Lehrer kommt herein.*

Schüler:	Grüß Gott! *(setzen sich).*
Lehrer:	Grüß Gott! *(teilt Blätter für Geschichtsarbeit aus).*
Thomas:	*Wendet sich zum Nachbarn und bittet ihn um Hilfe.*
Nachbar:	*Lehnt ab.*
	Lehrer geht vor der Klasse auf und ab, sammelt Blätter wieder ein.
Thomas:	*(vorwurfsvoll zum Nachbarn)* Du bist ganz schön gemein; du hättest mir leicht einsagen können.
Nachbar:	*(verteidigt sich)* 1. Wenn ich dir helfe und erwischt werde, krieg ich selber eine Sechs, dann hab ich umsonst gelernt. – 2. Wenn ich dir helfe, werde ich selber nicht mit meiner Arbeit fertig.

Gespräch

Ergebnis: Ein Schüler, der nicht vorbereitet ist, der für die Prüfung nicht bereit ist, muß sich selber die Schuld für die Folgen zuschreiben. Er ist eigentlich dumm. Weil der Schüler nicht immer weiß, wann er geprüft wird, muß ein kluger Schüler immer vorbereitet sein.

Evangelium: Mt 25,1–13 (vom Freitag der 21. Woche i. J.)

Predigt

Im Gespräch Gemeinsamkeit von Spiel und Evangelium erarbeiten. Da sind einige Mädchen, die nicht auf das Kommen des Herrn vorbereitet sind. Sie haben kein Öl in ihren Lampen und können ihm nicht entgegengehen. Als sie dann später nachkommen, rufen sie: „Herr, öffne uns!" Aber der Herr sagt: „Ich kenne euch nicht." Diese dummen Mädchen sind jene Menschen, die zwar rufen: „Herr, Herr!" Sie gehen vielleicht in die Kirche und beten vielleicht auch, aber ihre Lampen sind leer und brennen nicht, d. h. ihr Gebet und ihr Glaube sind leer, sie bringen nicht die Früchte des Glaubens. Sie leben nicht als Christen, sie beten und geben sich fromm, aber sie handeln nicht danach, sie kommen also mit leeren Händen ohne gute Werke vor Christus. Und solche Menschen wird er am Ende beim Gericht abweisen. Wir können nicht mit dem Mund glauben, sondern wenn wir wirklich glauben, dann wird sich unser Glaube in Taten beweisen und bewähren. Dann werden wir... (Beispiele).

Fürbitten

Laßt uns zu Jesus Christus, unserem Herrn, beten:
- Bewahre die Christen davor, einfach in den Tag hinein zu leben, ohne sich auf dein Kommen vorzubereiten.
- Hilf unseren Eltern und Großeltern, jeden Tag so zu leben, daß sie sich nicht fürchten müssen, vor dir Rechenschaft zu geben.
- Gib den Menschen immer ein wachsames Auge für ihre Mitmenschen.
- Gib uns die Kraft, täglich zu beten und für dich zuverlässig zu sein, damit du nicht einmal zu uns sagen mußt: „Ich kenne dich nicht."
Gott, unser Vater, wir sind deine junge Gemeinde. Wir wissen, daß wir dich nie vergebens bitten werden. Darum preisen wir dich im Heiligen Geist durch Christus, unseren Herrn.

Gabengebet: Wochentagsmessen zur Auswahl: 2. Woche Dienstag (MB 283)

Schlußgebet: Wochentagsmessen zur Auswahl: 3. Woche Mittwoch oder Samstag (MB 293 oder 296)

Gute Bäume – gute Früchte

Requisiten: Kaputter Füller, aufgeschlitzter Fußball, Puppentorso, demoliertes Matchboxauto; neue Uhr, schönes T-Shirt, schönes Buch, neues Fahrrad

Vergebungsbitte

Unser Leben gleicht oft einem Warenhaus. Auf den Verkaufstischen finden wir neben guten und wertvollen Artikeln auch manchen Kitsch und Tand. Wir rufen den Herrn um sein Erbarmen an:
Herr Jesus Christus,
oft gleichen unsere Werke schlechten Früchten: Herr, ...
Selten denken wir an dich: Christus, ...
Manchmal zeigen wir nur unsere bösen Seiten: Herr, ...

Tagesgebet: Vom 23. Sonntag i. J. (MB 235)

Gütiger Gott,
du hast uns durch deinen Sohn erlöst
und als deine geliebten Kinder angenommen.
Sieh voll Güte auf alle, die an Christus glauben,
und schenke ihnen die wahre Freiheit
und das ewige Erbe.
Darum bitten wir durch Jesus Christus.

Evangelium: Lk 6,43–49 (vom Samstag der 23. Woche i. J.)

Spiel

Schüler bringen verschiedene Gegenstände und zeigen sie vor. Der Prediger fragt die Kinder bei jedem Gegenstand, was sie mit ihm tun würden:

	Gegenstände
zum Wegwerfen:	*zum Pflegen und Benützen:*
kaputter Füller	*neue Uhr*
aufgeschlitzter Fußball	*schönes T-Shirt*
Puppentorso	*schönes Buch*
demoliertes Matchboxauto	*neues Fahrrad*

Predigt

Im Evangelium hörten wir von guten und schlechten Bäumen und welche Früchte sie bringen.

Stellt euch einen Gärtner vor. Er betreut einen Garten, in dem viele Bäume stehen, solche, die gute Früchte bringen, und solche, die schlechte Früchte bringen und den guten Bäumen nur Licht und Nährstoffe wegnehmen.

Was wird der Gärtner mit den schlechten Bäumen machen? – ausgraben. Was wird er mit den guten Bäumen machen? – pflegen. Er wird es ähnlich machen wie ihr mit den eben gezeigten Dingen.

Jesus vergleicht die Menschen mit Bäumen, die gute und schlechte Früchte bringen. Warum tut er das? Er will uns mahnen, gute Früchte zu bringen, denn er will, daß wir tüchtig sind, daß wir etwas taugen für Gott und für die Mitmenschen, damit er mit uns sein Reich bauen kann.

Wenn wir für Jesus und für das Reich Gottes taugen wollen, müssen wir uns jeden Tag bemühen, gute Früchte zu bringen. ... (Evtl. von den Schülern einige Beispiele für gute Früchte nennen lassen und besprechen) ...

Wer keine guten Früchte bringt, dem wird es am Ende gehen wie dem Mann, der sein Haus ohne Fundament auf die Erde gebaut hat: Es ist zusammengestürzt und wurde völlig zerstört!

Fürbitten

Herr Jesus, wir haben guten Willen, aber oft sind wir schwach. Wir bitten dich:

– Stärke unsere Eltern, uns gute Vorbilder im Leben zu sein.
– Hilf allen, die du ins Reich Gottes berufen hast, gute Früchte zu bringen.

– Gib uns Ideen, wie wir auch andere anregen können, gute Früchte zu bringen.
– Wache über uns, damit wir immer auf dem rechten Weg bleiben.
Guter Gott, zu dir rufen wir nie umsonst. Wir danken dir, daß du uns hörst, durch Christus, unseren Herrn.

Gabengebet: „Zur Auswahl" Nr.3 (MB 348)

Schlußgebet: „Zur Auswahl" Nr. 2 oder Nr. 10 (MB 525 oder 528)

Tod – Leben

Requisiten: Kleines lebendes Tier (z. B. Katze), Stein, Hühnerei

Vergebungsbitte

In der Gottesdienstfeier begegnen wir Jesus. Dazu sind wir hier zusammengekommen. In der Begegnung mit ihm schöpfen die Menschen Kraft und Leben. So ist für uns jede Begegnung mit Jesus ein Glück.

Wenn wir uns jetzt auf diese Begegnung vorbereiten, spüren wir, daß wir gar nicht immer so gelebt haben, als wenn wir ihm schon begegnet wären. Deshalb bitten wir um sein Erbarmen.

Herr Jesus Christus:
Manchmal leben wir, als wenn es dich nicht gäbe. Herr, ...
Oft vergessen wir die täglichen Gebete und begehen viele Sünden. Christus, ...
Manchmal vertrauen wir nicht auf dich und deine Stärke. Herr, ...

Tagesgebet: „Zur Auswahl" Nr. 5 (MB 306)

Gott, du bist da.
Deine Gegenwart umhüllt und durchdringt uns
wie die Luft, die wir atmen,
ohne die wir nicht leben können.
Gib, daß wir dir ganz vertrauen
und leben ohne Angst.
Darum bitten wir durch Jesus Christus.

Oder: Wochentagsmessen zur Auswahl: 4. Woche Montag (MB 275)

Evangelium: Lk 7,11–17 (vom Dienstag der 24. Woche i. J.)

Predigt (1)

Hast du schon einmal von einem anderen Menschen außer von Jesus gehört, daß er Tote lebendig gemacht hat? Nein, das gibt es nicht. Von Jesus aber wissen wir, daß er öfter einen Toten zum Leben erweckt, ihm das Leben wieder geschenkt hat. Heute haben wir gehört, wie er einen jungen Mann in der Stadt Nain wieder zum Leben erweckt hat.

Viele Hunderte Menschen haben damals erlebt und gesehen: Jesus kann Tote lebendig machen, er kann Toten Leben schenken.

Spiel

Drei Schüler zeigen: 1. ein lebendes Tier
2. einen Stein
3. ein Hühnerei
Der Prediger fragt die Kinder jeweils: Ist das tot oder lebendig?
Antworten: Tier = lebendig
Stein = tot
Hühnerei = tot/lebendig

Predigt (2)

Wir wissen: Das Ei sieht tot aus; dennoch hat es Leben in sich; es trägt in sich den Keim zum Leben. Wenn es mit dem Huhn in Verbindung bleibt, wenn die Henne es ausbrütet, entsteht daraus neues Leben, ein neues Huhn.

Im Evangelium will uns Jesus sagen:

So ist es auch mit dem Menschen. Wenn er mit Jesus verbunden bleibt, dann ist er auch nach dem Tod nicht tot; Jesus schenkt ihm neues Leben, das ewige Leben. Die Menschen in Nain sollten erkennen, daß Jesus Herr ist über den Tod, daß Jesus Macht hat über den Tod.

Ein andermal hat Jesus den Menschen gesagt, daß sein Fleisch eine Speise und sein Blut ein Trank ist, und daß *der* in Ewigkeit lebt, der sein Fleisch ißt und sein Blut trinkt. Denn Jesus ist selbst das Leben. Wer an ihn glaubt, ihn liebt und mit ihm verbunden bleibt durch die hl. Kommunion, der hat den Keim des Lebens in sich, weil er Jesus in sich hat; denn in der hl. Kommunion ist Jesus seine Speise geworden. Wenn

dieser Mensch stirbt, bleibt er nicht tot. Und das Leben, das Jesus ihm schenken wird, dauert für immer und ewig.
Seht, diese frohe Botschaft hat Jesus den Menschen gebracht. Wir wollen Gott dafür danken und uns freuen.

Fürbitten

Herr Jesus Christus, du kannst Toten ewiges Leben schenken. Wir bitten dich:
– Für alle Menschen: daß sie erkennen, welche Wunder du vollbringst.
– Für alle Kranken und Leidenden: daß sie geduldig warten können, bis du kommst und ihnen ewiges Leben schenkst.
– Für uns alle: gib unserem Leben jetzt schon Kraft, daß wir es für dich einsetzen.
– Für die Menschen, deren Angehörige gestorben sind: daß sie nicht aufgeben, auf dich zu vertrauen.
Vater im Himmel, wir wissen, daß du unsere Verstorbenen, die dich lieben, in dein Reich aufnehmen willst. Dafür danken wir dir durch Christus, unseren Herrn.

Gabengebet: „Zur Auswahl" Nr. 3 (MB 348) oder Wochentagsmessen zur Auswahl: 1. Woche Samstag (MB 281)

Schlußgebet: Wochentagsmessen zur Auswahl: 1. Woche Montag oder Dienstag (MB 276 oder 277)

Aufnahme oder Ablehnung Jesu

*Requisiten: 1 Flasche Cola, 1 Kartenspiel; evtl. 3 Stühle und 1 Tisch,
aber nicht notwendig*

Vergebungsbitte

Die Menschen reden viel vom Frieden. Zum Frieden gehören immer
zwei. Wir wissen, wie schwer es oft sein kann, Frieden zu halten, zu
stiften oder zurückzugewinnen. Streit ist leichter anzufangen als
Frieden.
In der hl. Messe wünschen wir einander Frieden: Der Friede des Herrn
sei mit euch! – Und mit deinem Geist. Am Ende wünscht uns der
Priester: Geht hin in Frieden.
Weil wir manchmal nicht friedfertig waren, bitten wir einander und
Gott jetzt um Vergebung:
Ich bekenne ...

Tagesgebet: Wochentagsmessen zur Auswahl: 2. Woche Donnerstag
(MB 286)

Gott, du liebst deine Geschöpfe,
und es ist deine Freude,
bei den Menschen zu wohnen.
Gib uns ein neues und reines Herz,
das bereit ist, dich aufzunehmen.
Darum bitten wir durch Jesus Christus.

Evangelium: Lk 9,51–56 (vom Dienstag der 26. Woche i. J.)

Spiel: 3 Szenen

*1. Szene: Zwei Schüler begegnen einander; einer reicht dem anderen
die Hand zur Begrüßung; dieser schlägt die Begrüßung aus.*

2. *Szene:* *Ein Schüler bietet einem anderen ein Cola an; dieser sagt:*
   „Ich brauche dein Cola nicht!"
3. *Szene:* *Drei Schüler spielen Karten; ein vierter kommt dazu und*
   will mitspielen; die drei gehen weg, er steht allein da.

Predigt

Frage: Was war in diesen drei Szenen ähnlich? . . .
Antwort: Immer hat jemand einen anderen abgelehnt. Im Evangelium begegnet uns heute etwas Ähnliches: Jesus und seine Jünger suchen eine Herberge für die Nacht, aber sie werden abgewiesen.

Jesus reagiert darauf ganz anders, als seine Jünger es wollen: Er rächt sich nicht; denn er zwingt niemand, ihn aufzunehmen, er läßt allen die Freiheit; er geht einfach ins nächste Dorf weiter zu anderen Menschen.

So geht es ihm mit den Menschen auch heute noch: Allen bietet er seine Freundschaft an, zu allen will er kommen. Aber viele wollen nicht seine Freunde sein, sie lehnen ihn ab, sie lassen ihn nicht bei sich ein. Niemanden zwingt er, sein Freund zu werden. Er will, daß jeder sich ganz freiwillig für ihn entscheidet und ihn in sein Herz und sein Leben hereinläßt.

Seht, das ist etwas ganz Großes, daß Jesus unsere Freundschaft will, aber daß wir sie ihm ganz freiwillig schenken dürfen.

Freilich ist das auch eine große Gefahr: Wir können ihn auch ablehnen, wie es so viele Menschen tun. Wir können uns auch gegen ihn entscheiden, wenn wir ihm keinen Platz in unserem Herzen geben, wenn wir nicht mit ihm zusammen leben wollen.

Die Menschen sind da anders als Jesus: die Eltern, die Lehrer, die Trainer im Verein usw. Sie zwingen dich oft zu etwas. Dann tust du es zwar, aber nicht freiwillig. Da kannst du oft das Böse gar nicht tun, weil du zum Guten gezwungen wirst. Und das ist anders bei der Freundschaft mit Jesus: Er liebt uns sehr, aber er will unsere Liebe nicht erzwingen, unsere Freundschaft nicht erschleichen oder erkaufen.

Vieles lockt uns von Jesus weg: so daß wir mal nicht in die Schülermesse oder in die Sonntagsmesse gehen,
mal nicht zum Beichten gehen, mal nicht beten,
anderen Leuten Böses tun.

Jesus will, daß wir uns ganz frei für ihn entscheiden sollen und entscheiden wollen.

Fürbitten

Herr Jesus, du begleitest uns durch alle Höhen und Tiefen unseres Lebens. Wir bitten dich:
- Laß alle Menschen erfahren wie schön es ist, in deiner Freundschaft zu leben.
- Steh denen bei, die von anderen abgehalten werden, sich für dich zu entscheiden.
- Hilf uns, daß wir bei jeder freien Entscheidung das Richtige wählen.
- Laß uns alle Tage deine Freundschaft erstreben.
- Stärke uns, wenn die Dinge der Welt uns hinderlich sind, dir nachzufolgen.

Gott, du bist bei uns in allen frohen und in allen schweren Stunden unseres Lebens. Auf dich wollen wir vertrauen jetzt und alle Zeit bis in Ewigkeit.

Gabengebet: Wochentagsmessen zur Auswahl: 1. Woche Mittwoch (MB 278) oder 3. Woche Donnerstag (MB 293)

Schlußgebet: „Zur Auswahl" Nr. 15 (MB 529) oder Wochentagsmessen zur Auswahl: 1. Woche Freitag (MB 280)

Auf Jesus hören ist wichtiger!

Requisiten: Eine in Geschenkpapier gewickelte Pralinenschachtel

Vergebungsbitte

Wir sind zusammengekommen, um mit Jesus Christus gemeinsam Gottesdienst zu feiern. Wir haben unsere Bereitschaft für Christus mitgebracht, aber auch all unsere Schwächen und Sünden. Diese wollen wir bekennen und dafür um Vergebung bitten:
Ich bekenne ...

Tagesgebet: „Zur Auswahl" Nr. 41 (MB 320)

Jesus hat gesagt:
„Nicht nur vom Brot lebt der Mensch,
sondern von jedem Wort,
das aus Gottes Mund kommt."

Darum bitten wir:
Gott, unser Vater.
Verwirrt vom Geschwätz unserer Tage,
erschöpft von Arbeit und Sorgen,
suchen wir dich und rufen:
Komm uns entgegen.
Rede uns an.
Gib uns ein Wort,
das uns ändert und heilt,
das uns nährt und befreit.
Darum bitten wir durch Jesus Christus.

Oder: „Zur Auswahl" Nr. 3 (MB 306; s. hier S. 50)

Evangelium: Lk 10,38–42 (vom Dienstag der 27. Woche i. J.)

Spiel: *3 Personen (Hans, Thomas, Vater; Hans hat ein Geschenk in der Hand)*
Vater zunächst allein, dann kommen die Söhne

Hans und
Thomas: Guten Morgen, Vater! Alles Gute zu deinem Geburtstag!

Vater: Oh, vielen Dank, ihr zwei!

Hans: Hier ... *(überreicht sein Geschenk)*, hab ich dir von meinem Taschengeld gekauft. Das ist die größte und die schönste Pralinenschachtel, die es überhaupt gegeben hat!! Da staunst du, was? *(wirft sich stolz in die Brust)*

Thomas: *(kleinlaut)* Mir tut's ja so leid, Vater ... *(Verlegenheitspause)*, aber ich hab gar nichts für dich, weil ich vergessen hatte, daß du heute Geburtstag hast.

Hans: Pah, vergessen, vergessen! Verplempert hast du dein Geld, *drum* konntest du nichts für Vater kaufen!

Vater: Na, ist schon gut ... Ich hätte da eine Bitte an euch. Ich hab eine dringende Verabredung mit einem Kunden und muß jetzt gleich fort. Könnt ihr beide mir schnell die Schuhe putzen, damit ich rechtzeitig fertig werde?

Hans: Also ich hab keine Zeit! *Ich* bin *auch* verabredet. *(Dreht sich um, zeigt den Vogel und sagt mehr zu sich selbst:)* Bin doch nicht blöd und mach mich dreckig!

Thomas: Ich putz dir die Schuhe, Vater. In fünf Minuten sind sie blitzeblank!

Predigt

Da sind also zwei Brüder: einer macht dem Vater an dessen Geburtstag ein großes Geschenk, aber im übrigen hört er nicht auf den Vater, macht ihm keine Freude. Der andere Sohn hat zwar am Geburtstag dem Vater nichts geschenkt, aber er hört auf ihn, macht ihm Freude und tut, was der Vater sagt. –
An welchem Sohn wird der Vater wohl mehr Freude haben? ... (Schülerantworten) ...: am zweiten.
Im Evangelium haben wir von zwei Schwestern gehört: die eine richtet das Essen und besorgt Getränke, aber sie nimmt sich keine Zeit, Jesus zuzuhören, um von ihm zu lernen. Sie geht ganz darin auf, das zu tun,

was sie für richtig hält, und erfährt so gar nicht, was Jesus ihr sagen will. Die andere Schwester setzt sich zu Jesus hin und hört ihm zu. Sie will von ihm lernen, damit sie weiß, was Gott von ihr will, und damit sie es dann tun kann.

Und Jesus sagt sofort, welche von beiden es besser macht: die zweite! Das Wichtigste ist, daß wir auf Gott hören und dann tun, was seinem Willen entspricht. Erst wenn wir Christus und sein Wort in uns aufgenommen haben, werden wir in ihm und aus ihm leben.

Das ist wichtiger als bloße Geschäftigkeit; Kerzen in der Kirche anstecken, Blumenschmuck richten ist schön – aber es genügt nicht, wenn es bloße Geschäftigkeit wird. Nichts ist so wichtig wie Jesus und das, was er uns zu sagen hat! Darum dürfen wir uns mit nichts anderem beschäftigen, wenn er zu uns sprechen will:

Wenn Schülergottesdienst ist, dürfen wir nicht spielen, radfahren, ins Schwimmbad gehen: Jesus ist wichtiger. Im Religionsunterricht dürfen wir nicht träumen, malen, schwätzen, sonst hören wir nicht, was Gott uns sagen will.

Fürbitten

Herr Jesus Christus, viele Menschen wollen nichts mehr von dir wissen. Sie drängen dich ins Abseits und denken nur an ihre Interessen. Auf dich hören sie nicht. Wir bitten dich:

– Hilf denen, die nichts mehr von dir wissen wollen, zu dir zurückzufinden.
– Gib den Menschen Ohren, die für dein Wort immer offenstehen.
– Laß nicht zu, daß andere Dinge uns wichtiger werden, als daß wir dich verstehen lernen.
– Stärke uns, damit wir deinem Anruf auch Folge leisten.

Gott, erhöre unsere Bitten und hilf uns durch deinen Geist, deine Botschaft zu verstehen, durch Christus, unseren Herrn.

Gabengebet: „Zur Auswahl" Nr. 2 (MB 348) oder Wochentagsmessen zur Auswahl: 3. Woche Mittwoch (MB 292)

Schlußgebet: „Zur Auswahl" Nr. 14 (MB 529) oder Wochentagsmessen zur Auswahl: 3. Woche Dienstag (MB 292)

Des Menschen Innen und Außen

Requisiten: Keine

Vergebungsbitte

Wir sind in der Kirche. Wir hören Gottes Wort, wollen beten und zu seinem Lob singen, wollen mit ihm eins werden in der hl. Kommunion.
Aber manchmal sind wir beim Gottesdienst mit unseren Gedanken ganz anderswo, z. B. beim Spielen. Wir geben uns äußerlich anders als wir sind: Wir sind scheinheilig.
Darum wollen wir jetzt unsere Gedanken auf Jesus hin sammeln und miteinander beten:
Ich bekenne ...

Tagesgebet: Vom 28. Sonntag i. J. (MB 241)

Herr, unser Gott,
deine Gnade komme uns zuvor und begleite uns,
damit wir dein Wort im Herzen bewahren
und immer bereit sind, das Gute zu tun.
Darum bitten wir durch Jesus Christus.

Oder: Wochentagsmessen zur Auswahl: 1. Woche Mittwoch (MB 277)

Evangelium: Lk 11,37–41 (vom Dienstag der 28. Woche i. J.)

Spiel

Mehrere Schüler spielen je eine Pantomime ohne Requisiten:
Händewaschen
Geschirr reinigen
Fingernägel lackieren
Gesicht schminken usw.

Predigt

Pantomimen erraten lassen und Hinweis auf Evangelium. „Ihr Narren!" Ihr seid dumm, ihr habt Gott nicht erkannt: Er sieht nicht auf das Äußere, er sieht in euer Inneres, dort aber ist „Raubgier und Bosheit".

Ihr könnt Gott nicht mit dem äußeren Schein betrügen. Bei Gott zählt nur eure Gesinnung und die Werke, die aus der Gesinnung kommen. Und wenn ihr euer Äußeres noch so schön macht, Lack auf Fingernägel und Lippen schmiert, euer Gesicht pudert und eure Haare färbt: das ist wertlos, das ist dumm, denn wichtig ist nur, wie ihr vor Gott dasteht! Mögt ihr noch so brav und scheinheilig und unschuldig dreinschauen, Gott sieht nicht nur euer Äußeres, er sieht in euer Herz.

Nur wenn ihr in eurem Herzen und in eurer Gesinnung gut und wahrhaftig seid, hat es einen Wert für euch. Darum müßt ihr euch sorgen. Wenn ihr aber in eurem Herzen und eurer Gesinnung gut und in Ordnung seid, wird auch euer Äußeres gut und schön sein, denn dann werdet ihr den Armen nicht übersehen und den Traurigen und den, dem man Unrecht getan hat, und den Behinderten und den Kranken nicht vergessen; dann werden eure Taten und eure Reden gut sein.

Fürbitten

Gott sieht in unser Herz, und er will dort viel Liebe sehen. Darum bitten wir:

– Gib den Menschen Klugheit, damit sie auf ihr Inneres mehr Wert legen als auf ihr Äußeres.
– Gib allen Gläubigen ein liebendes Herz, damit sie sich in Wort und Tat für ihre Mitmenschen einsetzen.
– Schenk uns Wahrhaftigkeit, damit unser Inneres mit unserem Äußeren übereinstimmt.
– Hilf uns, mehr nach dem zu streben, was *dir* gefällt, als nach dem, was den *Menschen* gefällt.

Erhöre uns, allmächtiger Gott, und gewähre, worum wir bitten, durch Christus, unseren Herrn.

Gabengebet: Wochentagsmessen zur Auswahl: 3. Woche Mittwoch
(MB 292)

Schlußgebet: Wochentagsmessen zur Auswahl: 2. Woche Mittwoch
(MB 285)

Geduld und Bewährung

Requisiten: 1 Fußball, einige Hanutas (oder andere Süßigkeiten)

Vergebungsbitte

Wir wollen Jesu Freunde sein, wollen zu ihm gehören. Aber wir sind auch nachlässig, bequem, vergessen ihn, kümmern uns nicht um ihn. Darum wollen wir miteinander bekennen und bitten:
Ich bekenne ...

Tagesgebet: „Zur Auswahl" Nr. 20 (MB 312)

Herr, unser Gott.
Wir danken dir
für das Geschenk dieser Zusammenkunft.
Sie hält in uns lebendig,
was wir allein vergessen und verlieren würden.
Zeig uns heute neu den Sinn unseres Lebens.
Festige unsere Gemeinschaft mit dir
und miteinander.
Schenk uns den Geist deines Sohnes,
unseres Herrn Jesus Christus,
der in der Einheit des Heiligen Geistes
mit dir lebt und herrscht in alle Ewigkeit.

Oder: Wochentagsmessen zur Auswahl: 3. Woche Mittwoch (MB 292; s. hier S. 78)

Evangelium: Lk 12,39–48 (vom Mittwoch der 29. Woche i. J.)

Spiel

3 Freunde wollen Fußballspielen (einer bringt den Fußball mit).

Paul: Hallo, Otto! Hallo, Maxl! Bitte wartet eine Weile – ich muß noch etwas einkaufen. Ich bring euch auch was mit!

Maxl: Beeil dich!

– Maxl und Otto warten – nach einiger Zeit:

Otto: Wann kommt der Paul denn endlich?

Maxl: Warte, er ist doch kein D-Zug.

Otto: Ich mag nicht mehr warten, ich geh wieder. Servus!

– Geht ab. Bald darauf kommt Paul zurück. –

Paul: Hallo, Maxl, wo ist denn Otto? Ich hab was mitgebracht.

Maxl: Otto ist gegangen.

Paul: Dann bekommst du das Doppelte von mir.

Predigt

Kurzgespräch über das Spiel: sich wartend bewähren, Geduld haben. – Lohn.

Vergleich zum Evangelium herstellen.

Immer bereit sein: Immer so leben, daß Jesus an uns Freude hat; ihm folgen, sein Freund sein.

Nicht bereit sein: Haß, Zwietracht, Gewalttat, Egoismus, ... (der Knecht, der die anderen Knechte und Mägde schlecht behandelt).

Es geht dabei um Leben und Tod!

Wer bereit ist: Festmahl – Gemeinschaft, Freude und Frieden mit Jesus!

Fürbitten

Herr Jesus Christus, du Herr über Leben und Tod, zu dir wollen wir beten:

– Für alle, die sich schlecht auf deine Ankunft vorbereitet haben: Nimm auch sie auf in dein Reich und laß sie an deinem Tisch sitzen.

– Für alle, die keinen Glauben mehr haben: Gib ihnen Kraft, wieder zu dir zu finden.

– Für alle Priester: Hilf ihnen, daß sie ihre Gemeinden mit aller Kraft und Überzeugung auf dein Wiederkommen vorbereiten.

– Für uns: Steh uns bei, jede Minute so zu leben, wie es dir gefällt.

Ewiger Gott und Vater, wir danken dir; denn du hast uns in dein Reich eingeladen, du hast uns deinen Sohn gesandt. Er ist unser Meister und Lehrer, unser Ziel in Ewigkeit.

Gabengebet: „Zur Auswahl" Nr. 1 (MB 348)

Schlußgebet: „Zur Auswahl" Nr. 3 (MB 525)

Senfkorn und Sauerteig

Requisiten: 1 Luftballon, 1 Glas mit Wasser, Tinte

Vergebungsbitte

Der Herr lädt uns ein, ihm nachzufolgen. Er kennt den Weg, wir
dürfen uns ihm anvertrauen. Wir rufen zu ihm:
Herr Jesus Christus,
du zeigst und führst uns immer den rechten Weg: Herr, ...
Deine Gnade leuchtet allezeit über uns: Christus, ...
Du schenkst uns Tag für Tag deinen Beistand: Herr, ...

Tagesgebet: „Zur Auswahl" Nr. 40 (MB 320)

Jesus Christus hat gesagt:
„Sorgt euch nicht um euer Leben!
Ängstigt euch nicht!
Euch soll es um das Reich Gottes gehen;
dann wird euch das andere dazugegeben."

Darum beten wir:
Gott.
Wir fürchten,
wenn wir uns auf dich einlassen,
wird unser Leben noch schwerer;
wenn wir uns für deine Sache mühn,
kommen wir selber zu kurz.
Mach uns frei von der Angst.
Gib uns Freude an deinem Reich
und laß uns erfahren,
daß dir allein die Zukunft gehört.
Das gewähre uns durch Jesus Christus.

Evangelium: Lk 13,18–21 (vom Dienstag der 30. Woche i. J.)

Spiel 1

Ein Schüler tritt mit einem Luftballon vor. Er sagt: „Schaut mal zu, was mit dem Luftballon geschieht!" *Langsam bläst er ihn auf. Die Schüler sollen bewußt sehen, wie er allmählich „wächst", bis er groß ist.*

Predigt 1

Jesus spricht heute vom Reich Gottes zu uns. Wo ist denn das Reich Gottes? Es ist da, wo Menschen auf Gott hören und seinen Willen erfüllen. Denn da, wo Gott herrscht, wo wir ihn unseren Herrn sein lassen und ihm gehorchen, da ist sein Reich. Wenn wir Gottes Willen tun, ist das Reich Gottes schon bei uns. Jesus sammelt Jünger, die wie er den Willen des Vaters erfüllen wollen. Diese Jünger sind mit ihm zusammen die Kirche, das sind heute wir. Je mehr die Kirche wächst und alle Gottes Willen tun, desto größer und mächtiger wird das Reich Gottes.

Freilich, wenn wir uns umschauen, stellen wir fest: Du gehst in die Sonntagsmesse, andere Leute bleiben im Bett. Die Eltern mahnen dich zu beten, sie selber tun es nicht. Du sagst die Wahrheit und merkst, daß andere lügen. Du bist ehrlich und hörst, wie andere stehlen und betrügen. Du bist hilfsbereit, und so viele andere denken nur an sich. Da könnte man verzweifeln! Mit dem Reich Gottes ist es noch nicht weit her; es ist noch sehr klein. Es tun doch viele, was sie wollen, nicht, was Gott will.

Das hat Jesus gewußt. Darum hat er uns gesagt, mit dem Reich Gottes ist es wie mit einem Senfkorn: Es ist zwar noch ganz klein, aber mit Sicherheit wird daraus ein mächtiger Baum. – Vgl.: Luftballon! – Jetzt ist das Reich Gottes noch verborgen und wir könnten mutlos werden, wenn wir sehen, wie wenige sich um Gott kümmern. Aber das Reich Gottes wird mit Sicherheit – wie das Senfkorn langsam wächst und ein mächtiger Baum wird – einmal die ganze Welt umfassen.

Du bist also auf dem richtigen Weg, denn du bist den anderen schon voraus, wenn du dich um das Reich Gottes bemühst!

Noch ein zweites Gleichnis erzählt Jesus: ... (Schülerantworten). Auch dazu haben wir etwas für euch vorbereitet:

Spiel 2

Ein Schüler zeigt ein Glas (z. B. Einweckglas), das zu ca. drei Viertel mit Wasser gefüllt ist. Vor den Augen aller schüttet nun ein anderer Schüler ein wenig Tinte in das Wasser. Die Schüler beobachten, wie die kleine Tintenmenge sich in der großen Wassermenge ausbreitet und das Wasser färbt.

Predigt 2

Im Gespräch die Ähnlichkeit mit dem Sauerteiggleichnis herausstellen ...

Wie das bißchen Tinte die ganze Wassermenge färbt, ganz ähnlich durchwirkt ein wenig Sauerteig das Mehl, bis aus dem Mehlhaufen lauter guter Brotteig wird. So, sagt Jesus, ist es mit dem Reich Gottes. Die kleine Zahl der Jünger genügt, um im Lauf der Zeit die ganze Menschheit zu durchwirken. Damit spricht Jesus unsere Aufgabe als seine Jünger an: Wir sollen in der Welt, unter unseren Kameraden, in der Familie, in Schule und Freizeit wie Sauerteig wirken. Wir sind Jesu Sauerteig durch unser gutes Beispiel, unser Wort und unsere Tat. Immer mehr Menschen werden dann von uns angesteckt und finden zu Gott. So kann das Reich Gottes wachsen.

Das ist eine große Aufgabe, zu der uns Jesus braucht! Aber du kannst heute noch damit anfangen. Daß unser Tun mit dem Segen Gottes gelingt, dafür wollen wir jetzt beten.

Fürbitten

Herr und Gott! Dein Reich in dieser Welt wird wachsen. Es soll wachsen auch durch uns. Wir bitten dich:

– Zeige dich allen, die dich noch nicht gefunden haben.
– Gib allen, die sich Christen nennen, deinen Geist, damit sie auch nach deinem Willen leben.
– Gib uns Kraft, zu leben, wie es dir entspricht und so anderen einen Weg zu dir zu weisen.
– Gib uns Mut, unseren Glauben täglich und überall zu bekennen.
– Hilf, daß mehr junge Männer sich nach deinem Willen zum Priesterberuf entscheiden.

112

Großer Gott, in dir allein finden die Menschen ihr Heil. Dein ist das Reich und die Kraft und die Herrlichkeit in Ewigkeit.

Gabengebet: Wochentagsmessen zur Auswahl: 1. Woche Mittwoch (MB 278)

Schlußgebet: „Zur Auswahl" Nr. 10 (MB 528) oder Wochentagsmessen zur Auswahl: 4. Woche Donnerstag (MB 301)

Unser Leben ist ein Bauwerk

Requisiten: Entweder etwa 15 beschriebene Ziegelsteine oder aus Karton gebastelte Steinimitationen. Die daraufgeschriebenen Begriffe sind unter „Spiel" genannt.

Vergebungsbitte

Um Christus nachzufolgen, brauchen wir festen Willen und die Bereitschaft, ihn zu lieben. Doch ist es nicht immer einfach, so zu leben. Wir nehmen es uns immer wieder vor und versagen immer wieder. Doch Jesus ist bereit, unseren guten Willen anzuerkennen und das Versagen zu vergeben. Darum wollen wir jetzt beten:
Ich bekenne ...

Tagesgebet: Wochentagsmessen zur Auswahl: 1. Woche Mittwoch (MB 277)

Gott, du bist unser Ziel,
du zeigst den Irrenden das Licht der Wahrheit
und führst sie auf den rechten Weg zurück.
Gib allen, die sich Christen nennen,
die Kraft, zu meiden,
was diesem Namen widerspricht,
und das zu tun, was unserem Glauben entspricht.
Darum bitten wir durch Jesus Christus.

Oder: „Zur Auswahl" Nr. 24 (MB 313; s. hier S. 20) oder Wochentagsmessen zur Auswahl: 4. Woche Dienstag (MB 298; s. hier S. 89)

Evangelium: Lk 14,25–30 (vom Mittwoch der 31. Woche i. J., gekürzt)

Predigt 1

Menschen müssen sich entscheiden, was sie wollen. Der Schüler muß sich entscheiden, ob er in die nächste Klasse aufsteigen will. Wenn er das Klassenziel erreichen will, muß er lernen. Wenn er gar zu den guten Schülern gehören will, muß er noch mehr lernen. Wer einkauft, muß überlegen, ob er gute Ware erwerben will oder nur minderwertiges Zeug. Wenn er Gutes haben will, muß er vielleicht mehr bezahlen. So sagt auch Jesus: Ihr müßt euch überlegen, was ihr wollt. Wer einen Turm bauen will, muß rechnen, wie hoch der Turm werden kann; er muß zuerst nachschauen, wieviel Geld er überhaupt hat. So müssen wir, wenn wir seine Jünger sein wollen, bedenken, was dazu nötig ist. Mit unserem Leben ist es wie mit einem Turm. Wir bauen an unserem Leben und müssen darauf achten, daß wir gute Bausteine verwenden!

Spiel

Einige Schüler bringen die vorbereiteten Bausteine herein und setzen sie zu einem Turm aufeinander und nebeneinander. Auf den verwendeten Steinen stehen z. B. folgende Wörter: Fleiß, Überlegung, Freude, Spiel, Vernunft, guter Wille, Zufriedenheit, Dankbarkeit, Hilfsbereitschaft, Barmherzigkeit, Glaube, Wahrheit, Ehrlichkeit, Treue, Gebet.

Predigt 2

Seht, das sind nun Steine, aus denen wir unser Leben aufbauen können, damit es ein gutes Leben wird, damit es Christus gefallen kann. So werden wir uns als Jünger Jesu bewähren. Dann werden wir am Ende standhalten und brauchen nicht zu befürchten, daß unser Leben nicht gelingen wird.

Fürbitten

Herr und Meister Jesus Christus! Du kennst unsere Schwächen, aber du gibst uns auch Kraft, unser Leben so zu bauen, daß es in allem standhalten und sich bewähren kann.
- Hilf allen Menschen, den Sinn ihres Lebens zu erkennen und dir treu zu dienen.

– Gib den Menschen Einsicht und Umkehr, damit sie die schlechten
Steine an ihrem Lebensbau gegen gute Steine austauschen.
– Schenke allen, die deine Jünger sein wollen, die Kraft, ihre guten
Vorsätze zu verwirklichen.
– Laß uns immer darauf bedacht sein, als deine Jünger zu leben und
uns zu bewähren.
Vater im Himmel, schau auf uns und hilf uns in der Not dieser Welt
den rechten Weg zu erkennen, durch Christus, unseren Herrn.

Gabengebet: Wochentagsmessen zur Auswahl: 4. Woche Donnerstag (MB 301)

Schlußgebet: „Zur Auswahl" Nr. 6 (MB 526)

Diener sein

Requisiten: 1 Tisch, 1 Stuhl, Schulheft und -buch

Vergebungsbitte

Es ist sicher lobenswert, wenn wir nicht nur sonntags, sondern auch werktags in die hl. Messe gehen. Hier schenken wir uns Jesus, und er beschenkt uns: mit seinem Wort und mit seinem Leib als Speise für das ewige Leben. Wir feiern hier unsere Gemeinschaft mit Jesus und sind dafür dankbar.
Oft sind wir aber ganz gedankenlos beim Gottesdienst oder *nur* aus Pflicht, ohne Freude und Liebe, und zeigen dem Herrn nur wenig Dankbarkeit. Darum beten wir jetzt miteinander:
Ich bekenne ...

Tagesgebet: Vom 24. Sonntag i. J. (MB 236)

Gott, du Schöpfer und Lenker aller Dinge,
sieh gnädig auf uns.
Gib, daß wir dir mit ganzem Herzen dienen
und die Macht deiner Liebe an uns erfahren.
Darum bitten wir durch Jesus Christus.

Oder: „Zur Auswahl" Nr. 8 (MB 307; s. hier S. 52)

Evangelium: Lk 17,7–10 (vom Dienstag der 32. Woche i. J.)

Spiel 1

Pantomime „Sich vor Gott brüsten"; ein Schüler spielt die zuvor mit dem Prediger besprochene Pantomime vor dem Altar.

Spiel 2

Zwei Brüder, Markus sitzt am Tisch, Christoph erklärt ihm eine Mathematikaufgabe.

Christoph: Hast du's jetzt kapiert?

Markus: Ja, ich glaub schon.

Christoph: Meinst du nicht, daß du mir mal etwas geben solltest, weil ich dir immer helfe?

Markus: Aber du bist doch mein Bruder, du kannst mir doch erklären, was ich nicht weiß!

Christoph: Nein, ich bin doch nicht blöd! Ich helfe dir erst wieder, wenn du mir Geld dafür gibst.

Predigt

Jesus sagt: Wenn ihr alles getan habt, was euch aufgetragen war, sollt ihr sagen: Wir sind unnütze Knechte, wir haben nur getan, was wir Gott schuldig waren.

Seht, wir Menschen machen da vor allem zwei Fehler:

1. Denkt an die Pantomime, die wir nach dem Evangelium gesehen haben. Was habt ihr da bemerkt? ... (Schülerreaktionen) ... Da hat sich einer vor Gott hingestellt und gebrüstet. Er wollte sich groß machen mit seinen guten Werken. Wir können uns leicht vorstellen, was er in seinen Gedanken Gott gesagt haben kann: Schau her, wie gut und tüchtig ich bin! Ich gehe jeden Sonntag in die Kirche, ich bete regelmäßig die täglichen Gebete, ich helfe meiner Mutter, ich bin in der Schule fleißig, ich ministriere in der Pfarrkirche, ich gebe jeden Sonntag ein Opfer von meinem Taschengeld; ich bin viel besser als manche andere!

Jesus will ihm sagen: Warum gibst du so an? Mit all dem tust du doch nur deine Pflicht. Du sollst dir nicht so viel darauf einbilden. Wenn ein anderer das alles nicht tut, dann hat der seine Schuldigkeit gegen Gott nicht getan, aber du brauchst nicht zu prahlen, wenn du tust, was du Gott schuldig bist!

2. Denken wir nun an das zweite Spiel: ... (Schülerreaktionen) ... Viele Kinder wollen für alles eine Belohnung: Wenn sie dem Vater helfen, wollen sie Geld dafür; wenn sie der Mutter helfen, wollen sie

eine Vergünstigung herausschinden, z. B. abends länger aufbleiben, Geld für das Volksfest, ein Geschenk; sie tun das Gute nur zu ihrem eigenen Vorteil. In manchen Pfarreien sind die Buben Ministranten, weil sie dafür Geld bekommen.

Schaut, da würde unser Dienst nichts mehr taugen, weil wir gar nicht wirklich den Mitmenschen und Gott dienen, sondern nur *ver*-dienen wollen.

Jesus sagt uns: Wenn du alle Gebote erfüllt hast und Gott treu gedient hast, dann sollst du dir nichts darauf einbilden; denn du hast ja nur getan, was du Gott schuldig bist! Du bist nämlich sein Diener.

Fürbitten

Herr Jesus Christus, du hast uns ein Beispiel des Dienens gegeben. Du bist ganz für die Menschen und für Gott dagewesen ohne auf deinen Vorteil zu achten. Wir bitten dich:
– Schenke den Menschen Bescheidenheit und Demut im Umgang miteinander.
– Leite die Gläubigen zu selbstlosem Dienst für das Reich Gottes.
– Gib den Christen Dankbarkeit für alles, was du an ihnen tust.
– Bewahre uns vor Stolz und Selbstgerechtigkeit, wenn wir Gutes tun.
– Festige uns in dem Bemühen, aus freiem Willen in deinem Dienst zu leben.
Lieber Vater! Stärke uns immer mehr im Glauben und in der Liebe, damit wir nicht vom rechten Weg abkommen. Darum bitten wir dich durch Christus, unseren Herrn.

Gabengebet: „Zur Auswahl" Nr. 1 oder 6 (MB 348 f) oder Wochentagsmessen zur Auswahl: 2. Woche Dienstag (MB 283)

Schlußgebet: „Zur Auswahl" Nr. 1 (MB 525) oder Wochentagsmessen zur Auswahl: 4. Woche Mittwoch (MB 300)

33. Woche im Jahreskreis

„Der rechte Zorn" oder „Eifer für die Ehre Gottes"

Requisiten: 1 Kopfkissen

Vergebungsbitte

Zu Beginn jedes Gottesdienstes wünschen wir einander Gutes, nämlich daß der Herr Jesus Christus mit uns sein soll. Wir möchten nicht ohne ihn leben, wir möchten ihn bei uns und in uns haben. Darum wünschen wir einander: „Der Herr sei mit euch!" – „Und..."
Und deshalb seid ihr auch jetzt hierher gekommen: Ihr sucht den Herrn. Es kommt aber auch vor, daß wir von ihm weggehen, daß er uns gleichgültig ist, daß wir uns vor ihm verstecken möchten, wenn wir Böses getan haben. Darum bitten wir ihn jetzt um Verzeihung: Ich bekenne...

Tagesgebet: Zur Auswahl" Nr. 4 (MB 306)

Heiliger Gott.
Du bist unsagbar größer,
als wir Menschen begreifen,
du wohnst im unzugänglichen Licht,
und doch bist du uns nahe.
Gib, daß wir heute mit Ehrfurcht vor dir stehen
und froh werden in deiner Nähe.
Darum bitten wir durch Jesus Christus.

Oder: Wochentagsmessen zur Auswahl: 1. Woche Donnerstag (MB 279; s. hier S. 39)

Evangelium: Lk 19,45–48 (vom Freitag der 33. Woche i. J.)

Spiel

Zwei Brüder zu Hause (oder zwei Schüler im Schullandheim, im Zeltlager...). Einer (Karl) legt sich nieder und will sich ausruhen. Der andere (Klaus) kommt herein, besieht sich kurz die Situation, gähnt, zieht Karl das Kopfkissen weg und legt sich selbst nieder.

Karl: Gib mein Kissen her!

Klaus: Das brauch ich jetzt.

Karl: *(drohend)* Mach bloß keinen Blödsinn! Gib es her!

Klaus: Fällt mir gar nicht ein, das hab ich jetzt.

Karl: *(zornig)* Du blöder Geier, jetzt gibt's was!

– Karl springt auf, zu Klaus, schreit, die schönste Prügelei beginnt. –
Prediger beendet das Spiel.

Predigt

Seid ihr auch schon einmal richtig zornig gewesen? Könnt ihr uns davon erzählen?...

Heute haben wir vom Zorn Jesu gehört. Könnt ihr das noch einmal erzählen?...

Es ist ein großer Unterschied zwischen unserem Zorn und dem Zorn Jesu:

Wir werden zornig, wenn wir geärgert werden (Spiel), wenn wir ausgelacht werden, wenn uns etwas nicht paßt. Dann können wir uns nicht beherrschen und fangen zu toben an. – Immer werden wir wegen uns selber zornig, weil wir uns verteidigen wollen.

Bei *Jesus* ist es anders: Er wird zornig, weil die Menschen Gott nicht achten und ehren. Er verteidigt im Zorn nicht sich selbst, sondern Gott, die Ehre Gottes. Was ist uns die Ehre Gottes wert? Achten wir auf die Ehre Gottes? Beispiele:

In der Kirche: Haus des Gebetes oder Haus zum Schwätzen, Kichern und Unfug machen? Da würde Jesus zornig, weil er die Ehre des himmlischen Vaters verteidigen will. Wenn wir die Ehre Gottes achten, nennen wir das „ehrfürchtig". Bist du immer ehrfürchtig? (Evtl. Beispiele aus der Gemeindesituation, Ministranten, ...).

121

Fürbitten

Herr Jesus Christus, du hast den Tempel wieder zu einem Haus des Gebetes gemacht. Wir rufen zu dir:
- Gib allen Menschen Gespür für die Ehrfurcht voreinander und vor Gott.
- Schenk denen aufrichtige Reue, die ein Gotteshaus entehrt haben.
- Gib uns Mut, die Ehre Gottes zu verteidigen, wenn Kameraden gegen Gott lästern.
- Laß uns den unbeherrschten Zorn zügeln und mit heiligem Zorn für Gott kämpfen.

Vater im Himmel, zu deinem Dienst sind wir bereit. Wir danken dir, daß wir dir dienen dürfen, durch Christus, unseren Herrn.

Gabengebet: Wochentagsmessen zur Auswahl: 1. Woche Donnerstag (MB 279) oder 4. Woche Freitag (MB 302)

Schlußgebet: Wochentagsmessen zur Auswahl: 2. Woche Mittwoch (MB 285) oder 3. Woche Dienstag (MB 292)

Opfern

Requisiten: 1 Tisch, Kuchenstücke, einige Münzen und zerlumpte Kleidung für einen Bettler

Vergebungsbitte

Wenn wir uns zum Gottesdienst versammeln und miteinander feiern, spüren wir, daß wir zusammengehören und füreinander Verantwortung haben. Jesus hat uns gelehrt, daß wir füreinander da sein sollen. Zu ihm wollen wir rufen:
Herr Jesus Christus,
du führst uns auf rechten Wegen: Herr, ...
Du bist Heiland und Erlöser für uns: Christus, ...
Du hast dich für uns geopfert: Herr, ...

Tagesgebet: „Zur Auswahl" Nr. 19 (MB 311)

Gott.
Dein Sohn Jesus Christus
ist das Weizenkorn, das für uns starb.
Wir leben aus seinem Tod.
Nimm von uns die Angst,
für andere verbraucht zu werden.
Hilf uns, einander Gutes zu tun,
damit wir nicht vergeblich leben,
sondern Frucht bringen in Jesus Christus,
der in der Einheit des Heiligen Geistes
mit dir lebt und herrscht in alle Ewigkeit.

Oder: „Zur Auswahl" Nr. 8 (MB 307; s. hier S. 52)

Evangelium: Lk 21,1–4 (vom Montag der 34. Woche i. J.)

Spiel (nach einem Tolstojtext)

An einer Seite ist ein Verkaufstisch aufgebaut, an dem Kuchen angeboten werden, in der Mitte vor dem Altar hockt ein Bettler am Fußboden. Ein Schüler (Peter) geht auf den Verkaufstisch zu.

Peter: Wieviel kostet der Kuchen da?

Verkäufer: Eine Mark fünfzig.

Peter: Ist gut, den nehme ich. Hier sind zwei Mark.

Verkäufer: Hier ist der Kuchen, und fünfzig Pfennig zurück. Dankeschön!

Peter hat in einer Hand das Geld, in der anderen den Kuchen. Er geht am Bettler vorbei.

Bettler: Um Christi willen, gib mir was!

Peter hält an, überlegt und gibt dem Bettler die fünfzig Pfennig. Dann geht er weiter. Nach einer Weile stockt er, kehrt um und gibt dem Bettler auch den Kuchen. Dann geht er fort.

Predigt

Mit dem Peter ist es ähnlich wie mit der Frau, von der Jesus erzählt. Sie opferte ihren ganzen Lebensunterhalt, Peter gibt dem Bettler alles, was er bei sich hat. Peter weiß: Ich werde nicht verhungern, ich muß nicht leiden, wenn ich auf den Kuchen verzichte. Der Bettler hat ihn nötiger. Das sind zwei: die Witwe und der Peter. Aber da gibt es noch einen Dritten: der bist du. Wie machst du es? Z. B. bei der Kollekte im Schülergottesdienst oder in der Sonntagsmesse? Du weißt, daß andere deine Hilfe sehr nötig haben, viel nötiger als dir die Dinge sind, die du für dich selber kaufst. Du hast schon oft von den ärmsten Menschen dieser Welt gehört. Was gibst du bei der Kollekte für sie? Gibst du ein Almosen, ein klein wenig, das dir keinen wirklichen Verzicht bedeutet – oder gibst du ein Opfer, das du spürst?

Oder vielleicht gehörst du zu denen, die ihre Eltern anbetteln, daß sie ihnen in der Kirche schnell noch ein Zehnerl zustecken, um ja nicht ein Opfer vom eigenen Taschengeld geben zu müssen?

(Evtl. auf aktuelle Sammelanliegen der Gemeinde oder andere Beispiele von Opfern eingehen.)

Fürbitten

Jesus Christus, den Bruder aller Menschen, bitten wir:
- Schenke den armen und notleidenden Menschen deine besondere Fürsorge.
- Bewahre die Menschen, die mehr haben als sie brauchen, vor jeder Art von Geiz und alle Menschen vor der Habgier.
- Gib uns ein gutes Herz und eine offene Hand für unsere Mitmenschen.
- Befreie uns von uns selbst und mach uns bereit zu wirklichen Opfern für dich und die Menschen.

Gott und Vater, sei uns gnädig und gib unserem guten Willen Kraft und Gelingen durch Christus, unseren Herrn.

Gabengebet: „Zur Auswahl" Nr. 3 (MB 348) oder Wochentagsmessen zur Auswahl: 2. Woche Dienstag (MB 283)

Schlußgebet: „Zur Auswahl" Nr. 8 (MB 527) oder Wochentagsmessen zur Auswahl: 2. Woche Mittwoch (MB 285)

Weitere Gottesdienstmodelle
– Eine Auswahl –

Reihe: Konkrete Liturgie

Peter Boekholt
Kinder- und Jugendgottesdienste
13 Modelle. Mit einem Anhang zu rechtlich-
pastoralen Aspekten.
168 Seiten, kart. DM 16,80

Peter Boekholt
Neue Gottesdienste für Kinder
23 Modelle
160 Seiten, kart. DM 17,50

Sinn suchen – Sinn finden
Vier thematische Gottesdienste
Hrsg. Max Huber. 64 Seiten, kart. DM 12,80

Jo Hermans
Mein Volk, was tat ich dir?
Texte und Vorschläge
zur Gestaltung von Passionsandachten
94 Seiten, kart. DM 12,80

Bereitet den Weg
Hilfen zur Gestaltung von Advent
und Weihnachten.
Hrsg. Hans Hollerweger. 179 Seiten, kart. DM 16,80

(Preisänderungen vorbehalten)

VERLAG FRIEDRICH PUSTET REGENSBURG